COVARRUBIAS

CONSEJO NACIONAL PARA LA CULTURA Y LAS ARTES EDICIONES ERA

SYLVIA NAVARRETE

ARTISTA Y EXPLORADOR

MIGUEL COVARRUBIAS

GALERÍA · COLECCIÓN DE ARTE MEXICANO

Primera edición: 1993
© Sylvia Navarrete (texto)
DR © de la presente edición:
Dirección General de Publicaciones del
Consejo Nacional para la Cultura y las Artes
Calzada México Coyoacán 371, 03330 México, D.F.

Coedición: Dirección General de Publicaciones
          Ediciones Era, S.A. de C.V.

ISBN: 968-29-5707-9
Impreso y hecho en México

Todos nosotros hemos asistido alguna vez a una función de teatro o de danza en la Sala Miguel Covarrubias del Centro Cultural Universitario de la Universidad Nacional Autónoma de México. Todos hemos visto el mapa mural de Miguel Covarrubias a la entrada del Museo de Artes e Industrias Populares, frente a la Alameda Central de la ciudad de México, y hemos visitado el ala del Museo Nacional de Antropología donde Miguel Covarrubias es recordado. Todos tenemos presente la primera gran retrospectiva de la obra de Miguel Covarrubias llevada a cabo en 1987 en el Centro Cultural/Arte Contemporáneo de esta ciudad.

Pero ¿quién hoy recuerda cabalmente el legado cultural de este artista ''tan mal conocido y tan bien olvidado'', como dijera Luis Cardoza y Aragón? La obra de Miguel Covarrubias (1904-1957) cuenta, en abundancia, entre las más espectaculares de su época. Caricaturista, ilustrador literario, pintor de caballete y muralista, cartógrafo, etnólogo, arqueólogo, teórico de la antropología, museógrafo, ensayista, coleccionista de arte antiguo y popular, escenógrafo e impulsor de la danza moderna mexicana, Covarrubias no podía conformarse con ser un artista completo. Su capacidad creativa lo llevó a ser un promotor cultural cuyas aportaciones al campo artístico y a la investigación científica han fructificado en diversas ramas de nuestra cultura contemporánea.

Sería incongruente encasillar a Covarrubias en una categoría artística que, en su caso, se revelaría limitante. La participación de este hombre fuera de lo común en la cultura —de este y otros países— abarcó tres décadas en las que dejó una singular huella. Su trayectoria cubrió múltiples campos de actividad que intentaremos examinar, si no en forma cronológica, sí respetando la coherencia interna que entrelaza —y hace derivarlas una de otra, con lógica natural— todas las facetas de este talentoso polígrafo, cuya versatilidad fue a menudo, y erróneamente, confundida con diletantismo.

A Rodolfo y Annie Navarrete

5

1

*a Merry Christmas from
Miguel Covarrubias 1925*

AUTOCARICATURA [1] 1925

Miguel Covarrubias Duclaud nace en la ciudad de México el 22 de noviembre de 1904, en una acomodada familia de funcionarios públicos. Su padre, José Covarrubias Acosta, tras elaborar junto con Pastor Rouaix la política agraria de Venustiano Carranza, ocupa el cargo de jefe de la Administración de Correos y, posteriormente, de director de la Lotería Nacional. Su tío, Miguel Covarrubias Acosta, sería secretario de Relaciones Exteriores de Adolfo de la Huerta y, entre las dos guerras mundiales, ministro de México en Berlín y en París.

El entorno familiar del joven Miguel no es del todo ajeno al arte: entre sus miembros figuran algunos ''acuarelistas domingueros'' y, hecho más significativo, Miguel, al igual que su hermano menor Luis, iniciaría a temprana edad una actividad artística profesional.

Desde la infancia Miguel manifiesta dones para el dibujo. Individualista convencido, sería toda su vida refractario al régimen académico: no termina la preparatoria y emprende de manera autodidacta su formación artística. Solo, se entrena sobre el papel y descubre las caricaturas de Picheta, Manuel Manilla, José Guadalupe Posada y José Clemente Orozco. Pronto se infiltra en los círculos artísticos de la capital. Todavía adolescente, hace sus ''pininos'' en publicaciones vanguardistas, la estudiantil *Policromías* (que cuenta con Xavier Villaurrutia como redactor), la revista *La Falange*, y el periódico universitario *Cáncer*, cuyo fundador, Raoul Fournier, recuerda: ''La llegada de Miguel Covarrubias fue muy satisfactoria para nosotros. Para probarnos que él podía hacer caricaturas, hizo una de su papá y otra de una hermanita suya de seis o siete años. Le pedimos que nos diera caricaturas de profesores o de personalidades del momento''.[1] Pronto sus caricaturas de artistas, intelectuales y políticos aparecen en los periódicos y revistas nacionales *Fantoche*, *El Heraldo*, *El Mundo*, *El Universal Ilustrado.*

Ya en la revista de arte *Zig-Zag* en 1921 (Miguel tiene diecisiete años), una parodia

[1] Elena Poniatowska, ''Raoul Fournier, Carlos Solórzano y Justino Fernández hablan de Miguel Covarrubias'', *Novedades*, suplemento *México en la Cultura*, 19 de mayo de 1957.

del estilo pictórico de Roberto Montenegro delata su dominio de las técnicas gráficas. Remedando las amplias volutas y los arabescos *art nouveau* del pintor, Miguel realiza un excelente pastiche donde la refinada decadencia "fin de siglo", inspirada en la obra del dibujante inglés Aubrey Beardsley, muy en boga entonces, es distorsionada por un ingenio precoz.

Sin embargo, no es sino hasta 1923 cuando la factura de Covarrubias adquiere firmeza y sello peculiar. Esto se comprueba en los retratos de Diego Rivera, Carlos Mérida, el Dr. Atl, Genaro Estrada, cuya parquedad expresiva es conseguida por la síntesis de elementos geométricos simples que evocan volúmenes y rasgos de modo irónico, mas no agresivo.

La caricatura del Dr. Atl es elaborada a la manera de una talla en madera arcaica, con líneas grasosas y sintéticas y sombras logradas por medio del hachurado: una técnica minimalista que enfatiza el semblante rudo del viejo pintor y vulcanólogo mexicano. Otra caricatura temprana de José Juan Tablada patentiza por igual la economía del trazo, basada en una combinación de signos elementales que produce las cualidades cinéticas de la imagen. Quizá se pueda leer en esta composición escueta una filiación indirecta con el *Método de dibujo*[2] de Adolfo Best Maugard, cuyas viñetas fueron encargadas a Miguel Covarrubias. El sistema estético de Best Maugard, que fungió como manual obligatorio de enseñanza artística, proponía un vocabulario y una gramática visuales destinados a crear un arte nacional basado en siete elementos formales del arte prehispánico y del arte popular mexicano.

Este método, aunque de vigencia corta (operó entre 1921 y 1924, periodo que corresponde a la dirección de Best Maugard en el Departamento de Dibujo de la Secretaría de Educación, encabezada ésta por José Vasconcelos), marcó la estética de la época y ejerció influencia en artistas incipientes: Rufino Tamayo, Leopoldo Méndez, Abraham Ángel y el propio Miguel Covarrubias. Así lo indican, en el caso de este último, sus tempranas caricaturas, que recurren abiertamente a algunos principios tradicionales destacados por Best, como son la técnica del petatillo o del juego del gato, y el motivo reiterado de la greca.

"Fomentar la evolución del arte nacional —y con eso queremos decir arte popular— es hacer nacionalidad, es hacer patria." Esta frase, extraída del *Método de dibujo*, resume a la perfección el lema cultural de aquella época posrevolucionaria, propugnado por el secretario de Educación José Vasconcelos. México, en la década de los veinte, emprende la reconstrucción del país bajo la férula del presidente Álvaro Obregón. Vasconcelos, al entregar muros a los artistas a fin de plasmar la nueva identidad nacional, patrocina el auge del muralismo y del arte público abocado a la glorificación de ideales políticos humanitarios. La caricatura, que había conocido una gran audien-

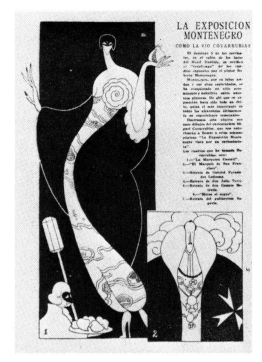

LA EXPOSICIÓN DE MONTENEGRO VISTA POR COVARRUBIAS [2] 1921

[2] Adolfo Best Maugard, *Método de dibujo. Tradición, resurgimiento y evolución del arte mexicano*, Secretaría de Educación, México, 1923.

DIEGO RIVERA [3] 1923

DR. ATL [4] 1923

GENARO ESTRADA [5] 1923

JOSÉ JUAN TABLADA [6] 1923

MANUEL RODRÍGUEZ LOZANO [7] 1923

CARLOS MÉRIDA [8] 1923

cia en vísperas y durante la Revolución, por haber, con sus virtudes subversivas, desempeñado un papel decisivo en la forja de la conciencia política del pueblo, pierde terreno ante el movimiento muralista que se impone como principal fuerza de persuasión y fuente de instrucción. Los nuevos conceptos estéticos que progresivamente alteran las formas artísticas no llegan sino en casos aislados a contaminar la caricatura: los trabajos de Orozco, Jorge Enciso, Ernesto ''el Chango'' García Cabral, Santiago R. de la Vega, Salvador Pruneda, marcan un adelanto sensible en la primera caricatura del siglo, y de hecho participan de las mutaciones en el pensamiento artístico moderno. Al emigrar a Nueva York, en 1923, Covarrubias tendría a su vez la oportunidad de desempolvar los cánones decimonónicos que dominaban aún esta práctica.

Pero no anticipemos. Todavía en México, Covarrubias se somete a un aprendizaje cotidiano libre y de fecundas lecciones. Parte del día lo emplea en un despacho de diseñadores de planos y mapas en la Secretaría de Comunicaciones. Permanece pocos meses en este trabajo y lo alterna con una breve experiencia de maestro en una Escuela al Aire Libre. Por las tardes se sienta en Los Monotes, café bohemio que pertenece a la familia de Orozco y lugar de reunión de los pintores, donde bosqueja a los parroquianos en servilletas de papel y cuadernos de apuntes. Con sus amigos Roberto Montenegro y Adolfo Best Maugard, quienes le contagian una pasión ciega por los objetos antiguos y por el arte popular, visita al anticuario Salas y recorre religiosamente, cada domingo, el mercado El Volador (La Lagunilla de aquel entonces).

Su temperamento impetuoso y comunicativo, su inteligencia chocarrera, le atraen la simpatía de los pintores —desde luego, mayores que él— que se confabulan para ponerle el apodo definitivo de ''Chamaco''. Una reseña de la época proporciona una semblanza sugerente del personaje: ''Inquieto, risueño, alocado, Covarrubias parecía escaparse de un kindergarten. El traje de corte inglés, el fieltro de moda, la sortija de plata vieja no se compadecían con aquel rostro aniñado, con aquel frasear infantil, con aquella conversación atropellada y alegre''.[3]

El ''Chamaco'' participa con entusiasmo en el movimiento de renovación cultural. Se integra, junto con Tamayo, Antonio ''el Corcito'' Ruiz, Manuel Rodríguez Lozano, Abraham Ángel y Julio Castellanos, a las brigadas encargadas de difundir el *Método de dibujo* de Best y más adelante colabora con Montenegro en la ejecución del mural *Mapa de México*, en la Biblioteca Iberoamericana adyacente a la Secretaría de Educación. Se relaciona con Diego Rivera, David Alfaro Siqueiros, el Dr. Atl, Carlos Pellicer, Fernando Gamboa y José Juan Tablada, su primer mentor, al que conoce en Los Monotes en 1922. Es Tablada, residente permanente en Nueva York, quien da el primer empujón a la carrera del ''Chamaco'', consiguiéndole un empleo subsidiario en el consulado mexicano de esa ciudad.

Covarrubias en Nueva York, 1923
Fotografía de Sherrill Schell
Billy Rose Theatre Collection, The New York Public Library
at Lincoln Center, Astor, Lenox and Tilden Foundations

[3] Caballero Puck, ''Miguel Covarrubias y sus caricaturas neoyorquinas'', *El Universal Ilustrado*, 21 de febrero de 1924.

En 1923, cuando Covarrubias llega a Nueva York, habla poco inglés y no tiene influencias ni amigos. A pesar de estas desventajas, en menos de tres años logra convertirse en uno de los más afamados caricaturistas de Estados Unidos, gracias a su capacidad perceptiva y su perseverancia, y merced también a las condiciones favorables que a la sazón proporcionaba la prensa estadounidense en plena expansión. La nueva prensa ilustrada, consciente del papel recreativo de la caricatura y de su atractivo como soporte gráfico —en lo sucesivo inseparable de la caricatura moderna—, concedía a ésta un espacio acrecentado, lo cual requería, por parte de los caricaturistas, una calidad óptima en sus trabajos.

Apenas instalado, Covarrubias entra en contacto con la gente adecuada. El influyente crítico y escritor Carl van Vechten cuenta cómo, el 12 de septiembre de 1923, su amigo el corresponsal de prensa Sherill Schell le llamó para enseñarle los dibujos de ''un muchacho mexicano que tenía caricaturas de mexicanos que nadie conoce aquí''.[4] El encuentro se revela crucial. Van Vechten, seducido por la personalidad tímida y efusiva del ''Chamaco'' y por su indiscutible talento de dibujante, lo cita en su casa o en el restaurant del hotel Algonquin con las celebridades del momento, que le sirven a Miguel de primeros modelos. ''Hablaba inglés toscamente, era recién llegado a Nueva York y a menudo ignoraba si su modelo era actor, pintor o escritor'',[5] comenta Van Vechten.

Carl van Vechten le presenta en seguida a Frank Crowninshield, editor de *Vanity Fair* —que en aquella época era el *nec plus ultra* de la prensa cultural neoyorquina. Fundada en vísperas de la primera guerra mundial por el editor Condé Nast, la revista es uno de los foros privilegiados de la creatividad cosmopolita que florece en la ciudad. Frank Crowninshield, árbitro del gusto neoyorquino, destacado coleccionista de pintura contemporánea y cofundador, en 1929, del Museum of Modern Art de Nueva York, le imprime a la revista el perfil moderno y sofisticado que sería tan imitado ulteriormente, caracterizado por el culto al *entertainment* y por una fórmula estética que matiza la ultranza con la elegancia. Nombrado caricaturista de planta de *Vanity Fair* en 1924, Covarrubias colabora con entregas mensuales (portadas e interiores que en ocasiones suman ocho ilustraciones en un mismo número) hasta 1936, fecha en que la revista se fusiona con *Vogue*, donde Miguel seguiría trabajando quincenalmente hasta 1949. Accesoriamente, publica sus dibujos en diversos periódicos (*New York Herald*, *New York Tribune*, *Evening Post*, *New York World*, *New York Times*, *Los Angeles Daily Times*) y revistas (*Screenland*, *Life*, *Fortune*, *House and Garden*, *Art Digest*, *Mexican Art and Life*).

En Mary Pickford, Carl van Vechten, Igor Stravinski, George Gershwin, Al Jonson, Gloria Swanson, Ernest Hemingway, Rodolfo Valentino, enfoca su interés, así como

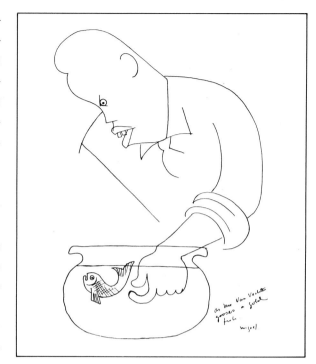

EL SEÑOR VAN VECHTEN LE DA UN SUSTO A UN PECECITO [9]

11

[4] En Miguel Covarrubias, *The Prince of Wales and Other Famous Americans*, Alfred A. Knopf, Nueva York, 1925.
[5] Ibid.

en otros escritores, dramaturgos, políticos, deportistas, músicos, artistas plásticos o de la pantalla y del escenario. En sus dibujos, tintas, gouaches y carbones, muestra una habilidad inusitada para destilar la esencia de un carácter en una sola línea que funda su fuerza en la economía del trazo, la visión sintética, un agudo sentido del humor y el recurso a elementos simbólicos cuidadosamente seleccionados.

Mientras la caricatura seguía apegada a un tratamiento convencional actualizado por tímidas imitaciones estilísticas del cubismo y el futurismo, Covarrubias, a partir de la abreviación formal, aporta una innovadora concepción del diseño. La tensión de líneas a la que somete la figura le permite reducir la imagen a su más mínima y depurada expresión, volteando la espalda al patrón tradicional del perfilado que dominaba a la caricatura desde varios siglos y que consistía en enfatizar el contorno y el perfil. En un bosquejo rápido y escueto, resalta los rasgos individuales marcando con línea continua la cabeza y la silueta corporal y agregando uno que otro detalle que evoca los atributos profesionales del modelo. Las caricaturas de Covarrubias son hilarantes. Alían la sátira y la observación perspicaz. Son cáusticas, aunque desprovistas de sarcasmo (más bien son el resultado de una mirada jocosa y un tanto revoltosa). Su intensa y a la vez parca expresividad gráfica constituye un viraje inaudito en el estilo de la caricatura de entonces. Esos trabajos despiertan una reacción estupefacta por parte de D. H. Lawrence, en 1923 (Miguel acaba de cumplir diecinueve años): ''En persona, parece ser la más dulce y retraída de las ovejas. Sin embargo, sus caricaturas son horrorosas, horrorosas mas no jubilosas ni singulares. Crueles y horrorosas. Realmente tétricas y horrorosas''.[6]

En 1925 publica su primer libro en la prestigiada compañía editorial Alfred A. Knopf, el editor exclusivo del conjunto de su obra por venir. *The Prince of Wales and Other Famous Americans* consolida su fama de cazador de celebridades. El volumen reúne sesenta y seis caricaturas —inéditas o previamente impresas en *Vanity Fair*— de personalidades estadounidenses y mexicanas del teatro, el cine, el deporte, el arte, la literatura y la política. La factura refinada y el humor arrebatado (la *griffe*, en lo sucesivo, de Miguel Covarrubias) destacan en los retratos de Charlie Chaplin, Harold Lloyd, Babe Ruth, Eugene O'Neill, George Gershwin, Douglas Fairbanks, Alfred Stieglitz, Plutarco Elías Calles, José Juan Tablada, Ramón del Valle-Inclán.

Captura instantáneamente la personalidad disimulada tras la máscara. Al sintetizar los rasgos, transforma el retrato en una abstracción geométrica que confiere una tremenda expresividad a sus modelos. Covarrubias no acostumbra dibujar en presencia del modelo. Por lo general, suele retirarse a su estudio para terminar el retrato, de memoria o con la ayuda de fotografías. Su método consiste en trabajar la idea en borradores, con bosquejos preliminares a lápiz. En la prueba final, los contornos son en pri-

Covarrubias con Frank Crowninshield, c. 1937
Fotografía de Nickolas Muray
International Museum of Photography at George Eastman House

[6] D. H. Lawrence, artículo en *The Laughing Horse*, 1923, citado por Bernard F. Reilly, Jr., en ''Miguel Covarrubias: an Introduction to his Caricatures'', *Miguel Covarrubias. Caricatures*, National Portrait Gallery, Smithsonian Institution Press, Washington, 1985, p. 34.

mera instancia trazados ligeramente con lápiz o crayón, y entintados luego con pincelada modulada.

Un poco más convencional —sin embargo, es considerada en Estados Unidos como su más memorable caricatura— se antoja la serie ''Entrevistas imposibles'' que crea entre 1931 y 1936 para *Vanity Fair.* Este conjunto de sátiras pictóricas y verbales, que suman treinta y cuatro en total, son realizadas al alimón por Covarrubias y el humorista Corey Ford, quien se encarga de los pies de la imagen. Las ''Entrevistas imposibles'' confrontan en un incongruente tête-à-tête a dos personalidades destinadas a no encontrarse jamás: el flemático Príncipe de Gales y el galán hollywoodense Clark Gable; José Stalin en paracaídas y la emperatriz de la moda Schiaparelli; Sigmund Freud y la voluptuosa Jean Harlow; el dramaturgo Engene O'Neill y el cómico Jimmy Durante; William Shakespeare y la Metro Goldwyn Mayer; el emperador de Etiopía, Haïle Selassie, y el boxeador negro Joe Louis. . . Acompañados por diálogos de doble sentido, estos encuentros descabellados combinan la situación absurda y la conversación ácida. Sin embargo, lo ingenioso de esta serie no oculta el hecho de que Covarrubias está más a sus anchas en la caricatura individual que en la sátira de grupo. Las ''Entrevistas imposibles'' (tanto como las caricaturas colectivas *La playa Malibú,* de 1933; *El Museo de Arte Moderno presenta veinte siglos de arte mexicano,* de 1940; o *Naciones Unidas,* de 1942), delatan una organización más convencional del espacio, además de que no permiten el juego entre el vigoroso estilo del autor y la personalidad secreta del sujeto, que Covarrubias suele sacar a relucir en sus retratos particulares.

Una famosa serie de pastiches que plagia el estilo de seis grandes de la vanguardia artística, confirma la habilidad imitadora de Covarrubias. El ''Manual de arte'', publicado en *Vogue* en 1936, transcribe las fórmulas plásticas de Braque, Picasso, Léger, de Chirico, Matisse y Dalí en irónicas paráfrasis estilísticas. ''Ninguna vanguardia le es ajena'', asevera Raquel Tibol, ''pero no transita por ellas como un militante (como Rivera por el cubismo u Orozco por el expresionismo), sino como un comentarista que conoce lo característico de manera suficiente como para parodiarlo, mas no para enriquecerlo o modificarlo.''[7] Apasionado del teatro, Covarrubias es solicitado por el Theatre Guild, que le encarga numerosos anuncios comerciales y caricaturas de dramaturgos y comediantes (Miguel ya se familiarizó con el núcleo, en sus entregas mensuales a la revista *The New Yorker*). Más adelante diseña la escenografía y el vestuario de las obras *Androcles and the Lion,* de George Bernard Shaw, y *Los siete contra Tebas,* de Esquilo. Se introduce asimismo en el gremio de la danza y concibe tres ballets, uno de ellos de marionetas. En 1925 idea la escenografía del sketch ''Rancho mexicano'' en la revista musical *Garrick Gaieties*; en esta ocasión conoce a la bailarina estadounidense Rosemonde Cowan Ruelas, su futura esposa —doce años mayor que él—, quien

ALFRED A. KNOPF [10] 1948

13

[7] Raquel Tibol, ''Las lecciones de Miguel Covarrubias'', *Universidad de México,* mayo de 1987, p. 28.

Rosa Rolando y Miguel Covarrubias
Colección María Elena Rico

participa en el espectáculo y le es presentada por Adolfo Best Maugard.

Con el fin de cumplir un encargo de *Vanity Fair*, en una expedición nocturna a un cabaret de Harlem instalado en los altos del teatro New Amsterdam, donde actúa la orquesta de Fletcher Henderson, Miguel descubre el barrio negro de Nueva York. Cautivado por la atmósfera arrabalera de la calle, los bares y los salones de baile, bosqueja el "paisaje humano de estos ghettos, la diversidad y la fuerza de bailarines, prostitutas, gángsters, empresarios, trabajadores, cantantes, músicos y parejas de amantes".[8] En 1927 publica el libro por muchos considerado la más brillante de sus obras de dibujante: *Negro Drawings*. Superando la frivolidad intrínseca —aunque menguada por el oficio y el talento paródico del autor— de sus caricaturas de mundanos y artistas de toda calaña, elabora una verdadera crónica visual de los ghettos de Harlem, de los atuendos, modas, fiestas y bailes de su comunidad marginada. Con vivo sentido de la actualidad —esta serie no ha tomado una arruga—, *Negro Drawings* conforma un estudio esquemático y sin embargo exacto de los tipos del Harlem noctámbulo y jazzístico: bailarines de charleston, cantantes de blues, guapetones de Lenox Avenue, meseros, flappers y proxenetas, predicadores ambulantes, aspirantes a vedette, coristas y ficheras, saxofonistas y percusionistas, damas de la alta sociedad negra y clasemedieros blancos de juerga.

La crítica de la época ve en *Negro Drawings* uno de los primeros y más acertados intentos por convertir el tema de los negros en materia visual e integrarlo a la cultura y la sociedad blancas. Un proyecto previo a la publicación del libro anticipa la pasión de Covarrubias por la cultura negra: la antológica revista musical *La Revue Nègre* que

[8] Carlos Monsiváis, "Miguel Covarrubias: la caricatura de las celebridades, el retrato de los pueblos", *Proceso*, 24 de diciembre de 1984.

lanza al estrellato a Josephine Baker adolescente vestida sólo con un taparrabo de plátanos, se estrena con decorados de Covarrubias en Nueva York, en 1925. Para su famoso cartel publicitario de *La Revue Nègre*, estrenada en París dos años después, el francés Paul Colin (1892-1985) se inspiró ciertamente en esos dibujos de Covarrubias. En el libro, con visible simpatía por su tema, Covarrubias representa a los negros con una pizca de exageración que no induce, no obstante, a la risa, como era el caso de sus satíricas versiones de la sociedad y el show business blancos. Enfatiza algunos rasgos raciales —la boca, la elasticidad del cuerpo—, pero sin afán de burla: el equilibrio ondulatorio del trazo, la composición geométrica, confieren al retrato un virtuosismo que rebasa la anécdota y la intención paródica.

La factura se caracteriza por la economía del trazo y el dinamismo de las formas, que se resumen en elementos parcos y rítmicos. La figura se divide en dos secciones: los círculos que ocupan la parte superior del cuerpo y conforman la cabeza, los ojos y la boca ancha; las líneas quebradas y serpentinas que sugieren las flexiones del cuerpo al compás de la música.

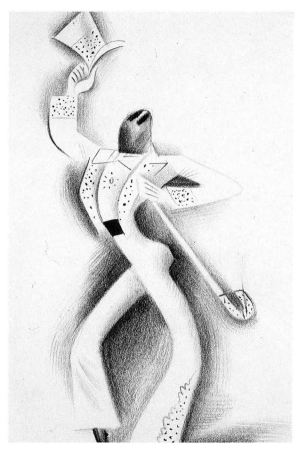

BAILARÍN [11]

La gramática no puede ser más sencilla —explica Olivier Debroise— sin embargo los resultados son extremadamente variados. El estilo personal de Covarrubias se distingue además por una percepción constante del movimiento: sus personajes nunca son estáticos, sino que capta una actitud, un gesto, e intenta traducirlo visualmente recurriendo a ciertos aspectos escultóricos arquetípicos del *art déco*, es decir, de una pintura figurativa poscubista y que aparecen, por ejemplo, en las obras de Giorgio de Chirico, de Georges Gromaire, de Tamara de Lempicka o de Diego Rivera.[9]

Lo estrictamente anatómico es superado con la incorporación de elementos abstractos. La composición no es plana. En ella se yuxtaponen discos, vectores y rombos que configuran la silueta. El juego de tensiones entre áreas estáticas y líneas huidizas, subrayado por la aplicación de sombreados, crea un sentido tridimensional de la figura. Covarrubias parece esculpir sus modelos, al recurrir a la oposición entre planos y volúmenes, una característica de la factura cubista.

Animado por un afán de veracidad y con una gran precisión sintética que corre a la par de una extrema soltura en la composición, Miguel Covarrubias elabora en *Negro Drawings* una obra visual refinada y exultante, y un examen profundo de la negritud y de sus raíces africanas. El libro se revela como el primer testimonio gráfico riguroso del interés naciente de Covarrubias por las culturas tribales primigenias y de su proyecto futuro de legitimación de las culturas marginadas.

[9] Olivier Debroise, ''Miguel Covarrubias, cronista de una década prodigiosa'', en *Miguel Covarrubias*, Centro Cultural/Arte Contemporáneo (CC/AC), México, 1987, p. 95.

DEL LIBRO
*THE PRINCE OF WALES
AND OTHER FAMOUS
AMERICANS*
1925

EUGENE O'NEILL [12]

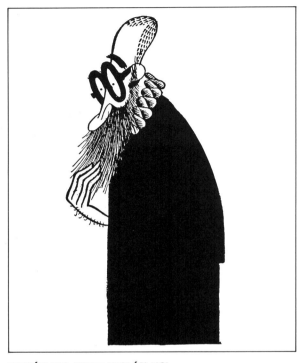

RAMÓN DEL VALLE-INCLÁN [13]

JOSÉ JUAN TABLADA [14]

PLUTARCO ELÍAS CALLES [15]

ALFRED STIEGLITZ |16|

DEL LIBRO
*THE PRINCE OF WALES
AND OTHER FAMOUS
AMERICANS*
1925

IGOR STRAVINSKI [17]

GEORGE GERSHWIN [18]

BABE RUTH [19]

JACK DEMPSEY [20]

CARL VAN VECHTEN [21]

2

DEL LIBRO
THE PRINCE OF WALES AND OTHER FAMOUS AMERICANS
1925

HAROLD LLOYD [22]

MARY PICKFORD [23]

RODOLFO VALENTINO [24]

CHARLES CHAPLIN [25]

GLORIA SWANSON [26]

AUTOCARICATURA "THE MURDERER" [28]

DOUGLAS FAIRBANKS [27]

DEL LIBRO
NEGRO DRAWINGS
1927

DOBLE CHARLESTON [29]

RAPSODIA EN AZUL [30]

DEL LIBRO
NEGRO DRAWINGS
1927

CAKEWALK [31]

PAREJA DE VAUDEVILLE [32]

CHARLESTON [33]

CORISTA [34]

DEL LIBRO
NEGRO DRAWINGS
1927

MUCHACHA A LA MESA [35]

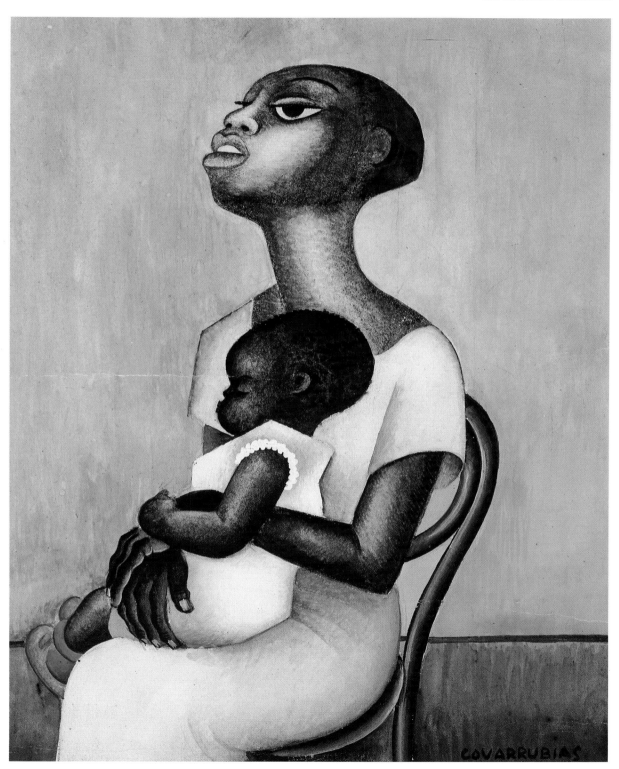

MADRE NEGRA [36]

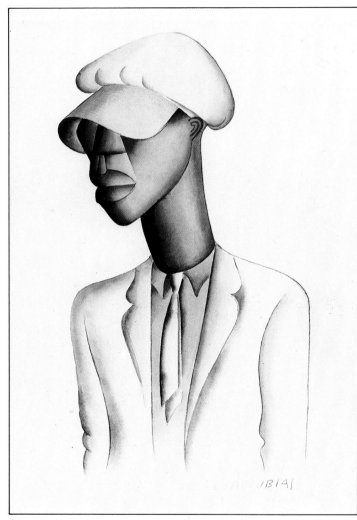

DESNUDO [37]

HOMBRE CON GORRA [38]

CANTANTE NEGRA, DE LA SERIE *HARLEM* [**39**]

ENTREVISTAS
IMPOSIBLES
ENTRE...

CLARK GABLE Y EDUARDO, PRÍNCIPE DE GALES [40] 1932

EUGENE O'NEILL Y JIMMY DURANTE [**41**] 1932

**ENTREVISTAS
IMPOSIBLES
ENTRE...**

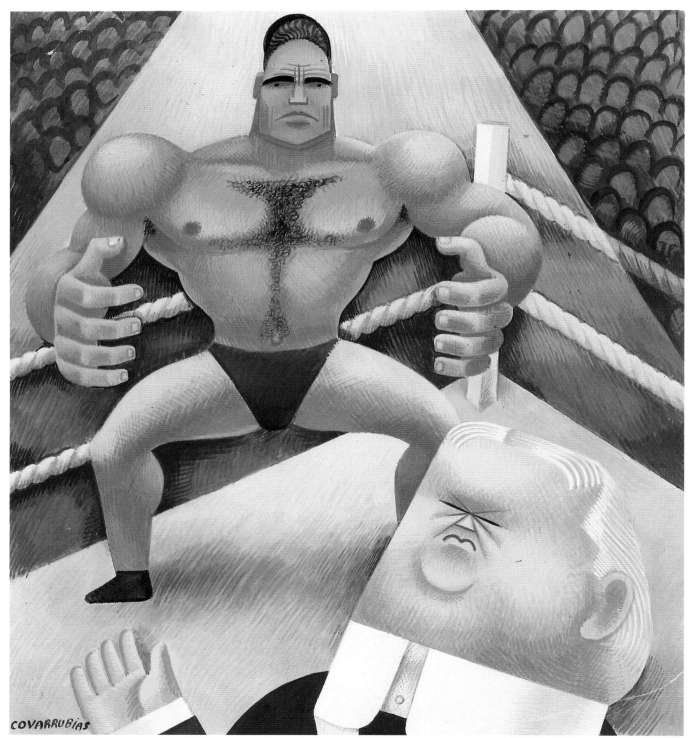

JIM LONDOS Y HERBERT HOOVER [42] 1932

EL EX REY ALFONSO XIII Y JAMES J. WALKER [43] 1932

ENTREVISTAS
IMPOSIBLES
ENTRE...

ARTHUR BRISBANE Y LA ESFINGE [44] 1933

JOSÉ STALIN, BENITO MUSSOLINI, ADOLFO HITLER Y HUEY S. ("HOOEY") LONG [45] 1933

ENTREVISTAS
IMPOSIBLES
ENTRE...

STALIN Y SCHIAPARELLI [46]

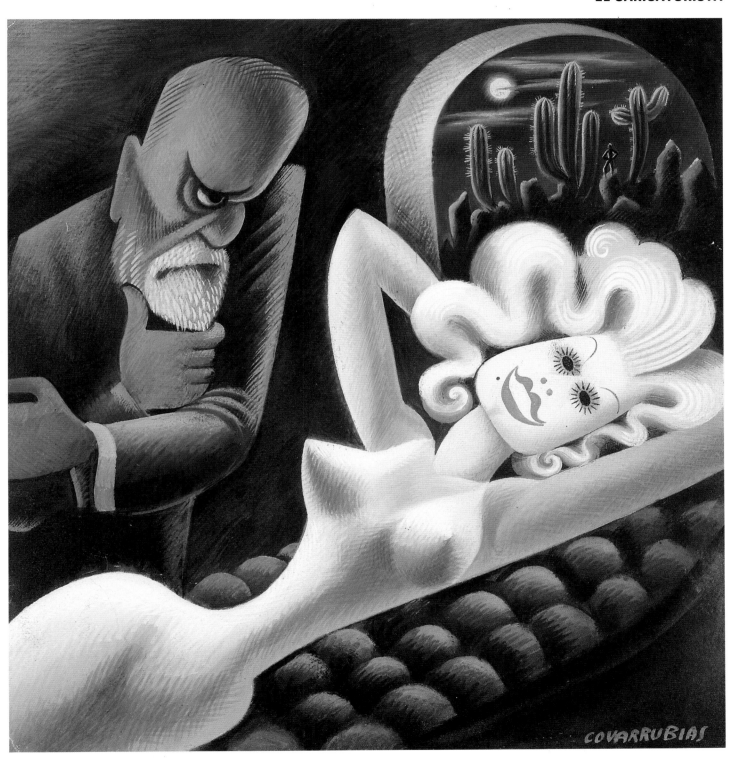

SIGMUND FREUD Y JEAN HARLOW [47] 1935

AUGUSTE PICCARD Y WILLIAM BEEBE [48] 1935

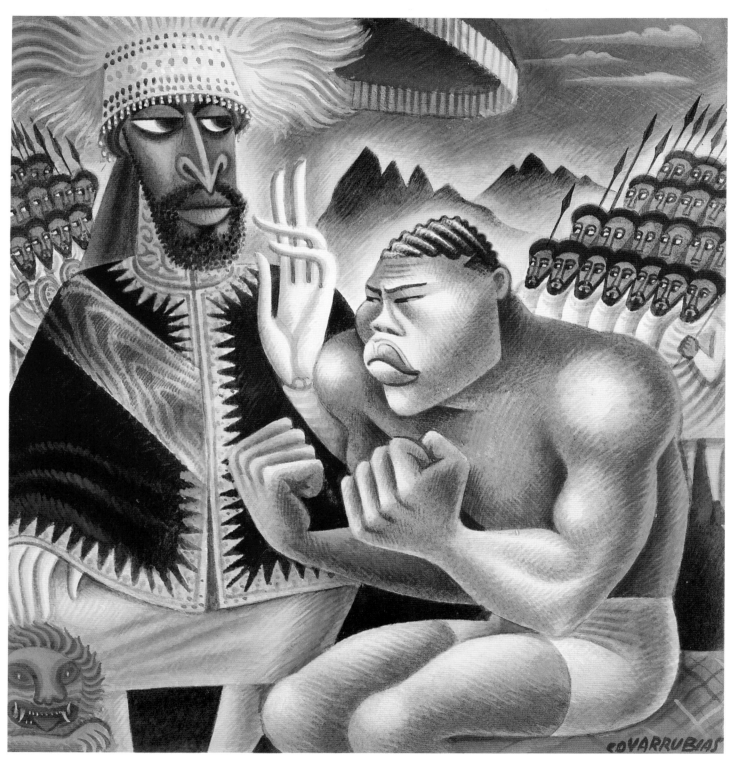

HAILE SELASSIE Y JOE LOUIS [49] 1935

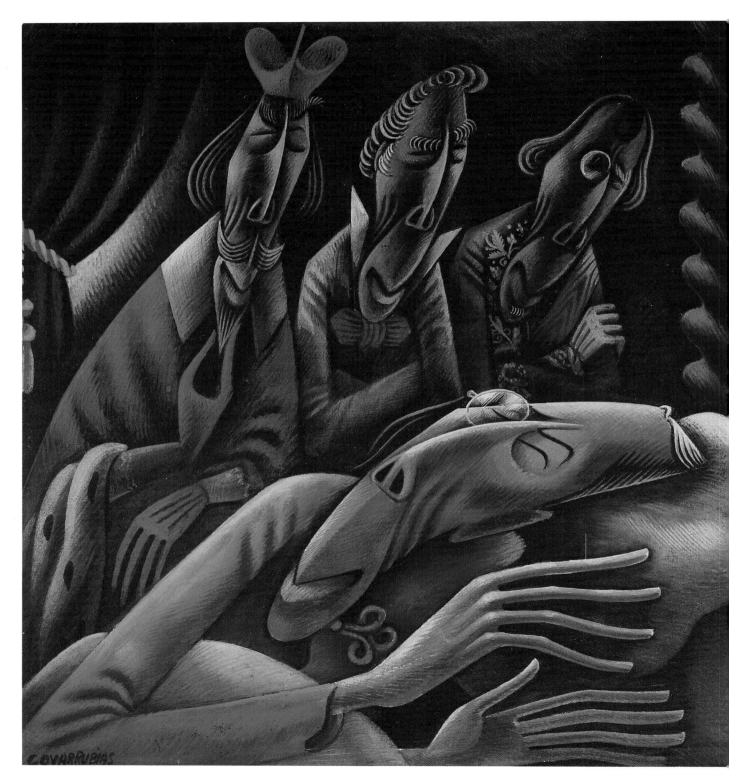

GEORGE ARLISS Y EL CARDENAL RICHELIEU [50] 1936

SHAKESPEARE Y LA METRO GOLDWYN MAYER [51] 1936

4

CORINE GRIFFITH [53]

SHERRILL SCHELL [52]

ROSA COVARRUBIAS [54] 1926

**GLORIA SWANSON: VEHÍCULO PARA UNA ESTRELLA,
A LA MANERA DE CHIRICO** [55] 1930

**GLORIA SWANSON: DAMA CON ATAQUES NERVIOSOS,
A LA MANERA DE PICASSO** [56] 1930

GLORIA SWANSON: LA NO DAMA CON PLUMAS, A LA MANERA DE MATISSE [57] 1930

ROCKWELL KENT, A LA MANERA DE KENT, PARODIÁNDOLO [58] 1932

H. G. WELLS [59] 1932

EMILY POST [60] 1933

LA INAUGURACIÓN DE FRANKLIN D. ROOSEVELT [61] 1933

1. Ex vicepresidente Charles Curtis
2. Sra. Herbert Hoover
3. Ex presidente Herbert Hoover
4. Vicepresidente John Nance Garner
5. Sra. Franklin D. Roosevelt
6. Presidente Franklin D. Roosevelt
7. Presidente de la Suprema Corte Charles Evans Hughes
8. Caballeros de la prensa
9. Mark Sullivan
10. Senador Joe Robinson
11. Walter Lippmann
12. Alfred Emanuel Smith
13. Profesor Raymond Moley
14. James Farley
15. Louis Howe
16. General John Pershing
17. La Marina de Estados Unidos
18. Senador Claude Swanson
19. Senador Pat Harrison
20. Bernard Manes Baruch
21. Gobernador Herbert Lehman
22. Owen D. Young
23. Senador Thomas Walsh
24. Senador William Gibbs McAdoo
25. John W. Davis
26. Newton D. Baker
27. Embajador Paul Claudel
28. Gobernador Albert Cabell Ritchie
29. Senador Carter Glass
30 a 34. Embajadores orientales
31. Norman Davis
32. Henry L. Stimson
33. Sir Ronald Lindsay
35. El hombre olvidado
36. Andrew Mellon
37. J. P. Morgan
38. Ogden L. Mills

ERNEST HEMINGWAY [**62**] ca. 1933

WALT DISNEY [**63**] 1937

LEOPOLDO BERISTÁIN [64] 1938

DON CATARINO [65] 1938

CANTINFLAS [66] 1938

MEDEL [67] 1938

5

MARY PICKFORD, PAUL WHITEMAN, LEONOR HUGHES, MAURICE, MORRIS GEST, JOHN BARRYMORE, H. L. MENCKEN, MARY GARDEN, IGNACIO ZULOAGA, ALFRED LUNT, LYNN FONTANNE, CECIL B. DeMILLE [68] 1938

SHIRLEY TEMPLE, BENNY GOODMAN, GINGER ROGERS, FRED ASTAIRE, ORSON WELLES, ROBER TAYLOR, LILY PONS,
SALVADOR DALÍ, ALFRED LUNT, LYNN FONTANNE, DOROTHY THOMPSON, WALT DISNEY [69] 1938

NACIONES UNIDAS [70] 1942

1. El rey Jorge II de Grecia
2. La gran duquesa Charlotte del Gran ducado de Luxemburgo
3. El rey Mackenzie, primer ministro del Territorio de Canadá
4. El generalísimo Chiang Kai-shek, de China
5. Franklin D. Roosevelt, presidente de los Estados Unidos de América
6. Winston Churchill, primer ministro del Reino Unido de la Gran Bretaña e Irlanda del Norte
7. José Stalin, presidente del Consejo Comisariado del Pueblo de la Unión de Repúblicas Socialistas Soviéticas
8. La reina Guillermina de Holanda
9. General Tiburcio Carias Andino, presidente de Honduras
10. El rey Haakon VII de Noruega
11. El rey Pedro II de Yugoslavia
12. John Curtin, primer ministro de Australia
13. Peter Frasier, primer ministro de Nueva Zelanda
14. El general Wladislaw Sikorski, primer ministro de Polonia

15. Hubert Pierlot, primer ministro de Bélgica
16. Eduard Benes, presidente de la República de Checoslovaquia
17. General Jan C. Smuts, primer ministro de la Unión de Sudáfrica
18. Fulgencio Batista, presidente de Cuba
19. El general Anastasio Somoza, presidente de Nicaragua
20. El marqués de Linlithgow, virrey de la India
21. Elia Lescot, presidente de Haití
22. Ricardo Adolfo de la Guardia, presidente de Panamá
23. Dr. Manuel de Jesús Troncoso de la Concha, presidente de la República Dominicana
24. Dr. Rafael Ángel Calderón Guardia, presidente de Costa Rica
25. General Maximiliano H. Martínez, presidente de El Salvador
26. General Jorge Ubico, presidente de Guatemala
27. General Charles de Gaulle, de la Francia Libre

Covarrubias en Xochimilco. Colección Rocío Sagaón

Entre 1927 y 1937, el pensamiento del caricaturista y escenógrafo toma un nuevo giro. Covarrubias descubre la isla de Bali y se orienta definitivamente hacia el estudio de la vida y las tradiciones de los pueblos apartados de la cultura occidental. Comienzan sus búsquedas dentro del campo de la antropología, la etnografía, la lingüística y la etnohistoria.

En Nueva York, Miguel y su compañera Rosa —él la rebautizó Rosa Rolando— tienen un primer atisbo de la isla en el álbum de fotografías de Bali de su amigo el alemán Gregor Krauze. La pareja se casa en 1930 y decide pasar su luna de miel en Extremo Oriente. Durante las seis semanas de travesía, en el buque de carga *Cingalese Prince*, por el Canal de Panamá, el océano Pacífico y el mar de China, toman clases de malayo con un joven javanés, marinero a bordo. Al llegar a Den Pasar, la capital del sur de Bali, se instalan fuera de los barrios árabe, chino y europeo, en casa de Gusti Alit Oka, ''príncipe de nacimiento, carpintero de oficio y músico por vocación'' —dirige una afamada orquesta *gamelán*—, quien los introduce en la vida cotidiana y ritual de los balineses. Al recorrer la isla durante nueve meses, conocen las expresiones artísticas populares, presencian ceremonias rituales y recogen testimonios de boca de los ancianos.

Conquistados por el modo de vida sosegado y contemplativo de los balineses y por su rica cultura tradicional, Miguel y Rosa viven una temporada idílica en la isla, él acumulando los apuntes, ella las fotografías. En la primavera de 1931 regresan a Nueva York. Sienten sin embargo una profunda añoranza por Bali y deciden volver en breve con miras a publicar el relato de su experiencia balinesa. En 1933 se le otorga a Miguel la beca Guggenheim por un año. Gracias a este sustento y a sus ahorros personales, Miguel, acompañado de Rosa, vuelve a casa de Gusti Oka, quien les abre nuevamente las puertas del barrio. Recogen material de primera mano. Al año regresan a Nueva York para dedicarse a la redacción del volumen.

Éste se publica en 1937 bajo el título *Island of Bali*, con ilustraciones de Miguel y fotografías de Rosa. En el prólogo, el autor advierte que el libro no es un compendio de todo el conjunto de rasgos culturales existentes en la isla: ''Cada comunidad tiene un código propio, y lo que funge como ley en algún sitio suele ser ignorado en otro. Los principios generales son idénticos en todas partes, pero los detalles varían de un lugar a otro y de una aldea a otra''. Especifica por igual que, no habiendo realizado un estudio sistemático de antropología o de religiones orientales, ''el objetivo de este libro se limita al intento de presentar un panorama a vuelo de pájaro, de la vida y la cultura balinesas, las cuales están inextricablemente ligadas a sus creencias profundamente arraigadas y a su lógico y armonioso modo de vida''.

Island of Bali es el primer testimonio del Covarrubias etnógrafo y antropólogo. Desechando el tono académico, el autor se esfuerza por desarrollar su tema de manera concreta, incluso en los capítulos en que aborda aspectos complejos de la cosmogonía balinesa: sus supersticiones y ritos sagrados, los secretos sacerdotales y la magia negra. Pone, y éste es el acierto de su metodología, la observación empírica al servicio de la práctica científica. Examina el paisaje geográfico y humano de la isla, su organización social, las artes plásticas y los géneros teatrales en la historia de Bali; la religión, los ritos brahmánicos y el calendario de festividades, los dioses y los demonios, la brujería, la magia y la medicina, la muerte y la cremación. Concluye con una reflexión acerca del futuro de Bali, ''de su cultura viva destinada a desaparecer bajo la despiadada embestida del comercialismo moderno y de la estandarización''.

Entre la primera estancia en Bali y la publicación del libro transcurren siete años de viajes y estudios en los que Covarrubias no suspende su actividad artística, ahora enfocada a la divulgación. Ya desde 1925 había comenzado a ilustrar en Nueva York portadas y páginas interiores de libros que, en su mayoría, participaban de su naciente atracción por la cultura negra, como *Blues, an Anthology* (1926) de William C. Handy, *The Weary Blues* (1926) de Langston Hughes y *Adventures of an African Slaver* (1928) de Theodore Canot.

Simultáneamente a la preparación de *Island of Bali*, monta cuatro exposiciones de pinturas, acuarelas y dibujos a lápiz que evocan la vida cotidiana en la isla. El producto de sus estancias en Bali también se difunde en la prensa. Ilustra un artículo de Paul Morand: ''Bali o la recuperación del paraíso'', en 1932. Se publica su retrato de la bailarina Ayu Ktut en la portada del último número de *Vanity Fair*, antes de la fusión con *Vogue.* Al año siguiente, en 1937, presta reproducciones de cuadros balineses para un artículo sobre él en *Life*: ''El mexicano Covarrubias en la Bali holandesa''. Pre-

BALINESA [71]

viamente a la puesta en venta del libro, se publican avances de éste, con ilustraciones de Miguel y fotografías de Rosa, en *Theatre Arts Monthly* y *Asia*.

Paralelamente, la boutique Franklin Simon de la Quinta Avenida invita a la pareja a decorar su escaparate. Miguel pinta un telón de fondo con una bañista balinesa; en el primer plano, Rosa coloca una ofrenda sacrificatoria y él dispone a tres maniquíes en trajes de noche confeccionados con telas diseñadas por su mano. Toda esta difusión de su experiencia balinesa, en prensa y galerías, contribuye a lanzar una moda balinesa muy en boga entre la élite neoyorquina antes de finalizar la década de los treinta. El libro, que en el lapso de dos meses dio lugar a tres reediciones, fue calificado como el mejor libro de viajes del año 1937, y sigue considerado obra de referencia en la isla que lo inspiró.

Tras quince años de residencia en Nueva York, Miguel siente nostalgia por México. Ansía profundizar el estudio de la cultura mexicana tradicional, que había iniciado superficialmente en la adolescencia y proseguido en Estados Unidos, organizando desde 1922 exposiciones de arte popular mexicano. En mayo de 1939 parte a Tehuantepec, Oaxaca, para emprender una investigación sobre la cultura del Istmo, la cual se concretará en su segunda obra etnológica: *Mexico South*.[10]

Al cumplir cinco meses en México, Covarrubias interrumpe momentáneamente su proyecto y, en otoño, regresa a Nueva York para cumplir un encargo del gobierno estadounidense —por el conducto de René d'Harnoncourt, cofundador y primer director del Museum of Modern Art de Nueva York y, en tanto que promotor de las culturas del mundo, amigo y colaborador cercano de Covarrubias—: la realización de seis mapas monumentales destinados a la Exposición Internacional del Golden Gate, en San Francisco, California. Esta primera serie de mapas inaugura la carrera de cartógrafo y muralista que el artista continuará en México.

Los mapas, reunidos bajo el título *Pageant of the Pacific*, documentan la cultura del área del Pacífico. La descripción de los pueblos, la economía, el arte, la flora y la fauna, los estilos artísticos, los medios indígenas de transportación y vivienda, pormenoriza las relaciones ecológicas y humanas de la región.

Los seis mapas, pintados sobre paneles móviles de madera comprimida —comenta Tomás Ybarra-Frausto—, son representaciones sutiles y sensibles de prototipos humanos ocupados en quehaceres diarios en el área del Pacífico. Covarrubias proyecta las necesidades socioeconómicas y espirituales de las comunidades del Pacífico y delinea las necesidades comunales de todos los grupos humanos por medio de una precisa observación y representaciones minuciosas de elementos culturales materiales.[11]

BALINESAS [72]

61

[10] *Mexico South, the Isthmus of Tehuantepec* aparece en 1946, editado por Knopf en Nueva York. A Juan Rulfo, en su calidad de director del departamento editorial del Instituto Nacional Indigenista (INI), se debe la tardía publicación en español de la obra, en 1980, bajo el título *El sur de México*.

[11] Tomás Ybarra-Frausto, "Miguel Covarrubias cartógrafo", en *Miguel Covarrubias*, CC/AC, cit., pp. 124 y 127.

LA ECONOMÍA DEL ÁREA DEL PACÍFICO [73] 1940

Los mapas son expuestos temporalmente en el Museo de Historia Natural de Nueva York, para luego reintegrarse al World Trade Center de San Francisco, donde hoy sólo cinco de ellos están preservados. A raíz de su éxito y su reproducción masiva (son publicados en 1940 bajo forma de libro en facsímil a color), la Asociación de Artistas Americanos le encarga otro mapa destinado a ser distribuido en escuelas y hogares de la nación, como material educativo sobre los recursos humanos y naturales de Estados Unidos. La *América de Covarrubias* se vuelve a su vez muy popular entre el público estadounidense.

Con meticulosa factura, los mapas de Covarrubias aúnan el instrumento científico y un lenguaje pictórico festivo. Al combinar el valor funcional y simbólico, el autor introduce de nuevo el elemento estético en la indagación científica. ''Con técnicas tales como el énfasis y la distorsión, tomadas del arte de la caricatura en el cual él era un maestro, Covarrubias añade con destreza una pizca de humor al nuevo vocabulario visual que inicia en la representación de sus mapas [. . .] La mezcla visual de datos geográficos y etnológicos continúa siendo única en la historia de la cartografía'',[12] observa Ybarra-Frausto.

Covarrubias concibe su trabajo como un diálogo permanente entre la escritura y la pintura, en que la compenetración de la información didáctica con la dimensión estética se revela ineludible. La cartografía, por tanto, satisface en él una necesidad expresiva: visualmente un mapa, en efecto, queda en aquella zona intermedia entre el texto impreso y el lienzo pintado. Lo cual explica que el autor recurriera regularmente a los mapas en sus libros antropológicos y etnológicos, destacando en su composición su virtud tanto normativa como imaginativa. Esta disciplina ratifica su vocación de antropólogo, además de reafirmar sus convicciones personales acerca de la transculturación entre América y Asia —las cuales desarrollará posteriormente en sus tratados antropológicos.

La investigación histórica e iconográfica previa a la elaboración de los mapas —recordemos que desde 1930 Covarrubias viaja con frecuencia a los Mares del Sur— le permite adquirir sólidos conocimientos sobre la cultura de esos pueblos y acopiar extensos estudios. Más que nada le interesan sus estilos y expresiones artísticas. Tales indagaciones lo llevan a trabar contacto con antropólogos estadounidenses y europeos, relaciones que gradualmente se revelarán imprescindibles en su orientación profesional. Covarrubias adquiere prestigio internacional como antropólogo: una razón que sin duda influye en la decisión de otorgarle por segunda vez, en 1940, la beca Guggenheim, para apoyar su labor de investigación sobre las culturas indígenas del Istmo de Tehuantepec.

¿Qué es lo que impacta a Covarrubias en esta región de México que sería el primer eslabón de un vasto estudio sobre el país? En primer lugar, su aislamiento. ''Es una región fascinante y olvidada, desconocida hasta por los mismos mexicanos'', se sorprende Covarrubias al describir su ''matorral árido; sus selvas que parecen ser extraídas de un lienzo del Aduanero Rousseau; el toque oriental de sus mercados, donde mujeres indígenas parlanchinas, vestidas como aves tropicales, hablan lenguas tonales reminiscentes de China; el porte majestuoso y la elegancia clásica de las tehuanas mientras caminan al mercado con regio donaire llevando sobre sus cabezas enormes cargas de frutas y flores o bailan al son del último 'swing', descalzas pero vestidas con magníficas sedas y adornadas con valiosos collares de monedas de oro''.[13]

Antes de instalarse definitivamente en México en 1942, Covarrubias realiza frecuentes excursiones al Istmo (entre un viaje a Nueva York y otro a Extremo Oriente) y ahonda en las antiguas crónicas de la región, lee la historiografía local, conversa con arqueólogos, economistas, políticos, líderes obreros, campesinos, hacendados, verduleras y vendedores ambulantes. Explora a caballo o en avioneta las partes recónditas de la

MAPA DEL ESTADO DE FLORIDA, E.U.A. [74]

63

[12] Ibid.
[13] Miguel Covarrubias, *El sur de México*, Instituto Nacional Indigenista, México, 1980, p. 16.

región; visita cooperativas azucareras y terrenos petroleros expropiados, comunidades agrarias y ruinas arqueológicas ocultas en el seno de la selva (allí empieza sus impresionantes colecciones de objetos prehispánicos).

El relato de *El sur de México* se desenvuelve como un extraordinario viaje por el sur de Veracruz y el Istmo de Tehuantepec a través de los ciclos de su historia. Adoptando un insólito esquema de investigación, el autor describe en primera instancia la vida actual del Istmo, para adentrarse en el pasado de las diversas regiones hasta alcanzar los tiempos prehispánicos, y termina trasladándose nuevamente al mundo moderno. Si bien se basa —como en el libro sobre Bali— en la observación empírica y el estudio histórico, etnográfico y antropológico, asociando el enfoque científico y su sensibilidad de artista, enriquece ahora su método de trabajo con excavaciones arqueológicas y con un análisis comparativo de los diversos estilos regionales: un procedimiento reiterado en sus posteriores investigaciones arqueológicas y antropológicas. Esta muy personal aproximación a una cultura atrajo al autor la crítica de los etnólogos y antropólogos de la vieja escuela, quienes tildaron la empresa de "romántica", esto es, falta de profesionalismo científico. Covarrubias, consciente de la peculiaridad de su metodología —y partidario de la divulgación para el gran público— advierte al lector en su prólogo: "Este libro no es un estudio exhaustivo de ninguno de los numerosos temas que en él son tratados. Más bien pretendo crear una imagen panorámica de la situación contemporánea del Istmo como el resultado de sus antecedentes históricos". Así, identifica a los pueblos y tribus que antaño ocupaban el área y evoca los problemas surgidos de la adaptación de esta apartada región a la civilización industrial, y de la necesidad de preservar los sustratos de su cultura indígena. Obedeciendo estrictamente a su experiencia personal, elabora un retrato pragmático de los pueblos indígenas (zapotecos, popolucas, mixes, zoques, huaves, chontales) y describe su vida cotidiana, organización social y laboral, artes y oficios, folklore, idiomas, costumbres sexuales, comida, religión, rituales y fiestas.

En la descripción de la cultura material de algunos grupos étnicos, el escritor cede el paso al pintor. Covarrubias reserva un espacio significativo de la obra a la ilustración gráfica, que reseña la vestimenta, la vivienda, la tecnología y también algunos sitios ahora desaparecidos.

La lección del libro reside en el estudio comparativo y actualizado que efectúa entre las comunidades menos afectadas por la imposición hispana, y un grupo zapoteco de Tehuantepec y Juchitán que, mediante la conservación de su lengua original y de diversas tradiciones prehispánicas, sí asimiló la cultura española sin sacrificar su individualidad. Para garantizar la permanencia de "un pueblo humilde que al filo de los años ha luchado para sobrevivir en un mundo hostil y autoritario al que no entiende muy

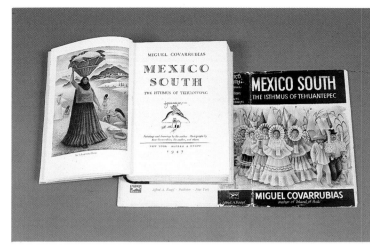

Mexico South. The Isthmus of Tehuantepec, 1947
Colección Carlos Monsiváis

MÚSICOS CIEGOS DE JUCHITÁN [75] 1947

bien'', Covarrubias señala posibles alternativas: la preservación de las lenguas indígenas y de ciertos aspectos de la organización social tradicional; el fortalecimiento de los mercados regionales —únicos centros de comunicación para algunas comunidades aisladas—; la protección de sus esfuerzos por resguardar su identidad; y el apoyo a las economías tradicionales. Un libro erudito y ameno, *El sur de México* constituye un nuevo intento por dar a conocer y rehabilitar una cultura ignorada. Considerado hasta la fecha como el estudio más completo sobre el Istmo de Tehuantepec, cuenta con un glosario de palabras en siete dialectos indígenas hablados en la región, ocho láminas a color, noventa y un ilustraciones a línea y noventa y tres fotografías tomadas por Rosa Covarrubias.

Tres años antes de fallecer, Covarrubias publica el primer volumen de una ambiciosa trilogía que quedaría inconclusa, y que relata la historia del arte indio del norte, centro y sur del continente americano. *The Eagle, the Jaguar and the Serpent* (Knopf, Nueva York, 1954) tendría que esperar hasta 1961 para ver la luz en México, por el conducto de la Imprenta Universitaria. *Indian Art of Mexico and Central America* (Knopf, 1957) sería traducido en 1961 por la Universidad Nacional Autónoma de México. El último volumen, dedicado al arte tradicional en Sudamérica, quedaría inédito: el baúl en que Covarrubias conservaba el material destinado a su edición, se extravió inexplicablemente después de su muerte, tras haber estado en custodia de la UNAM, de donde lo retiró Rosa Covarrubias.

Fruto de una investigación empírica y formal que abarca trabajos de campo y excavaciones, así como el manejo y análisis de los materiales arqueológicos, *El águila, el jaguar y la serpiente* se asoma al mundo indígena del norte del continente, mediante el arte de todos sus pueblos aborígenes extintos y sobrevivientes. En el prólogo, Covarrubias define su plan:

> El principal objetivo de este libro es presentar los logros artísticos de los indios, examinar las características e idiosincrasias de su arte y formular una hipótesis acerca del arte indio americano desde Alaska hasta la Tierra del Fuego [. . .] El arte indio no ha sido lo suficientemente estudiado desde el punto de vista combinado de sus valores estéticos y de sus implicaciones históricas, en un esfuerzo encaminado a comprender el proceso mental de sus creadores y los factores sociales que ayudaron a su formación.[14]

Interpreta los rasgos propios de los objetos y a partir de ese conjunto lógico de datos, formula sistemas generales y comparativos de conceptos estéticos. Asimismo ilustra cada pieza seleccionada y la sitúa en su contexto, ubicando sus filiaciones o herman-

NIÑA VESTIDA PARA FIESTA [76] 1947

65

[14] Miguel Covarrubias, *El águila, el jaguar y la serpiente*, Universidad Nacional Autónoma de México, México, 1961.

dades culturales. Basa su ensayo en el aspecto estético, respaldando su síntesis de los rasgos artísticos con figuras minuciosamente dibujadas en doce páginas de ilustraciones a color y ciento doce grabados a línea, y reproducidas en cien fotografías procedentes de museos y colecciones particulares.

En el segundo tomo (publicado póstumamente) de la trilogía inconclusa, Covarrubias hace la exégesis de Mesoamérica como el principal centro intelectual y artístico de la civilización indígena. Un punto de confluencia difícil de determinar geográficamente, Mesoamérica es fraccionada por el autor en seis zonas generales repartidas en tres capítulos que obedecen al método cronológico de horizontes utilizado por la arqueología oficial. El objetivo del libro es plantear, a partir del estudio tipológico de los rasgos artísticos, la hipótesis de que la olmeca es la cultura madre de todas las culturas preclásicas de Mesoamérica. ''No pretendo resolver la complejidad y el magnetismo del problema olmeca'', especifica el autor. ''Sólo intento discutir los logros artísticos y tecnológicos de aquella misteriosa raza y presentar algunas hipótesis basadas en sus obras de arte.'' Con este fin, mediante el estudio estilístico de figurillas, estatuas, vasijas, arcillas y máscaras, establece las clasificaciones y les asigna cronologías.

Desde tiempo atrás, Covarrubias ha estado enfocando su atención en la arqueología olmeca. Su extraordinaria fuerza plástica lo cautiva, y el enigma en torno a sus orígenes y sus nexos con el resto del arte prehispánico pica su curiosidad. ''Comencé a coleccionar fotografías, dibujos y cuanto de olmeca encontraba en museos, colecciones particulares y monografías arqueológicas. El asunto llegó a adquirir caracteres patológicos y ahora se me acusa de que cuando alguien alaba la maestría artística de los olmecas, yo doy gracias con un 'favor que usted les hace'.''[15] En las páginas profusamente ilustradas de este libro Covarrubias vuelve a manifestar una comprensión global de los hechos de una civilización. Una vez más, el acercamiento científico del antropólogo autodidacta es reforzado por la interpretación poética del artista.

Su pasión de coleccionista —rivaliza con Diego Rivera, Roberto Montenegro, Moisés Sáenz, Carlos Pellicer, William Spratling— lo lleva a especular con arqueólogos mexicanos y foráneos. Traba amistad con Alfonso Caso, quien en aquel entonces dirigía las excavaciones de Monte Albán, y a raíz de ello amplía sus conocimientos en materia de lingüística, etnología, etnohistoria, religión, magia y cosmogonía indígenas. En 1940 realiza su primer trabajo oficial de campo: participa en el proyecto de excavaciones en el Cerro de las Mesas, sobre el río Blanco, misión encabezada por el arqueólogo estadounidense Matthew Stirling, quien lo alienta a perseverar en desentrañar el ''problema olmeca''. A las bases de Stirling, añade sus propios conceptos organizados en series estilísticas para su clasificación cronológica, series que se fundamentan en los rasgos, las modas, el estilo, la tradición, las influencias. En esta ocasión, Stirling declara: ''Miguel Covarruvias es el hombre mejor informado de México acerca de la arqueología y la etnología''. En 1942, el Instituto Nacional de Antropología e Historia lo nombra codirector, junto con Hugo Moedano, de las excavaciones en Tlatilco. En este programa descubre doscientas tumbas con ofrendas de figurillas, de visibles analogías estilísticas con los rasgos olmecas. De la continuidad formal entre la cultura preclásica teotihuacana y la olmeca, deduce su contemporaneidad y establece un trecho adicional en el radio de la influencia olmeca. Al cabo de ocho años de exploración del sitio, se concretan nuevas deducciones acerca de su posición cronológica (la cual le permite reafirmar su tesis sobre la antigüedad mayor de lo olmeca sobre lo maya), y acerca de la organización social, política, religiosa y económica, así como del desarrollo artístico en Tlatilco.

No sólo por medio de ediciones lujosas difunde Covarrubias los alcances de sus investigaciones y trabajos de campo. Los debate también en publicaciones especializadas, consecuencia de su ingreso a la Sociedad Mexicana de Antropología. Sus ponencias en las mesas redondas auspiciadas por esta sociedad son resumidas en documentos que desgraciadamente no se han vuelto a editar hasta la fecha (la misma suerte corrieron sus libros).

Numerosos fueron los discípulos de Miguel Covarrubias a quienes abrió espacio para el estudio de lo olmeca. ''Fueron varios los trabajos que después de su muerte salieron a la luz, especialmente en forma de tesis profesionales (entre las que destacan las de los arqueólogos Román Piña Chan y José Luis Lorenzo)'', observa Rafael Abascal. ''Covarrubias desarrolla un método cronológico basado en la creación de series

RELIEVE TALLADO, ALTAR NÚMERO 5, LA VENTA, TABASCO [80] 1957

ESTELA NÚMERO 2, LA VENTA, TABASCO [81] 1957

[15] Miguel Covarrubias, ''El arte 'Olmeca o de La Venta''', en *Cuadernos Americanos*, vol. IV, 1946, p. 154.

estilísticas, que aunque presenta serias dificultades, ya que la inventiva personal juega un papel fundamental, sí funcionó para lo olmeca. Esto también va a desarrollar todo un campo de acción en torno a la arqueología a través de la historia del arte (ver los trabajos de Kubler, Gendrop, Westheim, Beatriz de la Fuente)."[16]

No sólo la sistematización de la cuestión olmeca hizo escuela y aglutinó seguidores. También las técnicas del dibujo arqueológico que empleó, definieron y marcaron su uso hasta nuestros días.

Covarrubias —comenta Daniel Rubín de la Borbolla— aprendió a dibujar con exactitud los diseños, las técnicas, las formas propias de cada artista, de cada una de las culturas o estilos del arte de cada pueblo. Fabricaba sus colores, sus brochas, pinceles, raspadores, aglutinantes, mezclas de albayaldes y secantes rápidos para la pintura de aceite; confeccionó tonos que igualaran los colores de los objetos o telas que copiaba de materiales y piezas modernas, antiguas o prehistóricas.[17]

Así es como, en el dibujo etnográfico, instaura la interpretación antropológica del color.

El dibujo forma parte íntegra de su trabajo de investigador y coleccionista. Al filo de los años, logra reunir una vasta colección de arte prehispánico y popular, con objetos adquiridos por el territorio nacional y con piezas procedentes de los países de América, Asia y África que visitó. Cuanto objeto pasa por sus manos queda dibujado, clasificado y comparado con piezas provenientes de otros contextos arqueológicos. El objeto es materia de estudio tanto como de deleite. Su casa de Tizapán, en la ciudad de México, abriga innumerables conjuntos de figurillas, urnas funerarias, flechas, vasijas y botellones prehispánicos; alfarería poblana; escultura africana; estatuillas, dagas y telas estampadas de Oceanía; marfiles chinos; cajas esquimales; ollas y tótems de los indios de América del Norte.

El coleccionismo de Covarrubias es una faceta creativa del personaje de la que deriva otra actividad profesional: la museografía. Su primer contacto formal con la museografía mexicana data de 1943. Es invitado por Daniel Rubín de la Borbolla, entonces director de la Escuela Nacional de Antropología e Historia (ENAH), a integrar el programa de estudios del colegio: imparte la cátedra de museografía (con la que crea la carrera de esta disciplina) y, a partir de 1947, las de arte prehispánico y de arte primitivo.

Forma toda una generación de museógrafos bajo un criterio peculiar: vincula la teoría desarrollada en las aulas con la etnología, y la combina con trabajos de campo en sitios arqueológicos (en Tlatilco, por ejemplo). Desde tiempo atrás ha dejado de ser

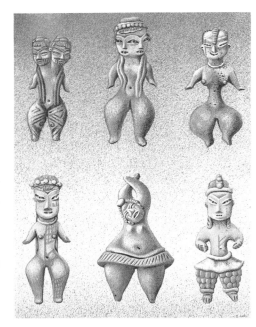

FIGURAS DE BARRO, TLATILCO [82]

MURALES DE MONTE ALBÁN [83]

[16] Rafael Abascal, "Miguel Covarrubias antropólogo", en *Miguel Covarrubias*, CC/AC, cit., pp. 182 y 176.
[17] Daniel Rubín de la Borbolla, "Miguel Covarrubias, mexicano insigne", en *Miguel Covarrubias*, CC/AC, cit., p. 131.

un novato en materia de museografía. Ya en 1928, monta la exposición "Artes aplicadas de México" en el Art Center de Nueva York. Su segunda iniciativa tiene lugar en 1940, en ocasión de la magna exhibición "Veinte siglos de arte mexicano", llevada a cabo en el Museum of Modern Art de Nueva York. Covarrubias forma parte del comité organizador, al lado de Daniel Rubín de la Borbolla y Alfonso Caso. Queda encargado de la curaduría y del montaje de la sección de arte moderno y escribe el ensayo correspondiente en el catálogo. Una vez establecido en México, encuentra incrementadas oportunidades de ejercer su vocación museográfica. En 1944 inicia su asociación con el Museo Nacional de Antropología, dirigiendo la muestra temporal "Máscaras mexicanas" y cofirmando el catálogo de la misma. A continuación se le encomienda la reestructuración del anacrónico museo, entonces sito en Moneda 13. Desde su creación en 1825, las exposiciones permanentes del recinto se mantenían intocadas. El programa de remozamiento se agiliza por el traslado de las colecciones de historia al Castillo de Chapultepec: antes de esta operación, el Museo era el gran bazar de los tesoros arqueológicos, históricos y etnológicos del país. La tarea de reorganización museológica, que Covarrubias comparte con René d'Harnoncourt, se basa en el principio didáctico de la renovación constante de los temas en exhibición y de su museografía. También incluye el proyecto titánico de clasificación y organización de las bodegas del recinto (en el que convida a sus alumnos de la ENAH a participar) y, desde luego, la modernización de los conceptos museográficos en las salas.

La influencia de Covarrubias en la museografía mexicana no se limita, sin embargo, a su labor docente y a la transformación del Museo de Antropología. También se verifica en el diseño de exposiciones temporales: "El arte indígena de Norteamérica", montada en 1945 en el Museo de Antropología, por el equipo D'Harnoncourt-Rubín de la Borbolla-Covarrubias; "Obras selectas del arte popular", con que se inaugura en 1953 el Museo Nacional de Artes e Industrias Populares; la primera muestra, sobre la cultura teotihuacana, que abre el nuevo Museo del Palacio de Bellas Artes, con guión museográfico de Rubín de la Borbolla y Covarrubias. En 1954, concluye su misión en el Museo de Antropología instalando las salas de Tlatilco y de los Mares del Sur, en las que privilegia la escenografía de los objetos y los restituye a su contexto natural.

¿En qué consisten las innovaciones de Miguel Covarrubias en materia de técnica museográfica? En primer lugar, en una puesta en escena del objeto mediante una ambientación audaz, casi teatral, del espacio, destinada a realzar las cualidades plásticas de la obra. La intuición alerta y un gusto depurado se revelan asimismo en sus montajes. Por último, Covarrubias pone sus conocimientos arqueológicos y antropológicos al servicio del público: en este sentido, el museo es uno de los mejores medios de divulgación y popularización de su trabajo.

TAPIZ INCA [84]

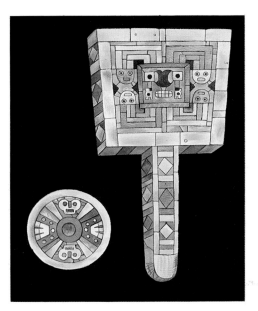

ESPEJO Y SELLO PERUANO [85]

DEL LIBRO
ISLAND OF BALI
1942

TRAJES CEREMONIALES [86]

GELUNG AGUNG [88]

SIN TÍTULO [87]

PUSUNG GONDJER [89]

TEMPLO BALINÉS [90]

MUJERES BALINESAS LAVANDO [91]

BALINESA EN EL RÍO [92]

CASAS DE SUMATRA [93]

CASAS DE SUMATRA [94]

MADRE JOVEN (BALI) [95]

DEL LIBRO
MEXICO SOUTH
1946

EL RÍO TEHUANTEPEC [96]

MERCADO (BOCETO) [97]

DEL LIBRO
MEXICO SOUTH
1946

DANZA DEL JAGUAR [98]

DANZÓN [99]

HUAPANGO [100]

TEJEDORA DE COSOLEACAQUE [101]

ÁRBOL EN JUCHITÁN [102]

HUAVES DE SAN MATEO DEL MAR [103]

EL BARRIO DE LA IGLESIA [104]

3

AUTORRETRATO [105]

Paralelamente a los dibujos etnográficos y arqueológicos que realiza sobre la marcha de sus investigaciones y de la redacción de sus libros, Covarrubias produce una pintura de caballete bastante copiosa. Por su temática costumbrista, ésta se asemeja a sus ilustraciones de libros. A excepción de los retratos con modelo femenino que realiza espontáneamente o por encargo, y que guardan una factura convencional, los paisajes y escenas cotidianas observados en sus viajes describen el aspecto humano y geográfico de latitudes inalteradas. Su temática se restringe a majestuosas tehuanas, gráciles balinesas, paisajes tropicales, mercados de pueblo, tipos rurales y populares. Los cuadros tienen en común una atmósfera sosegada e inequívoca, que resulta del tratamiento anecdótico sencillo y de la composición clásica. La técnica meticulosa que superpone breves pinceladas reiteradas, da a la superficie del cuadro una textura aterciopelada y sedosa de brillos recónditos. ''Es su modo de sintetizar el movimiento rítmico, sensual, sinuoso, tanto de la gente como de la naturaleza, en su ejercicio de la línea sismoide (el signo matemático de suma), el que establece una constante estilística resaltada por su uso de un espacio de poca profundidad, el volumen apenas sugerido y su estructuración entre económico e ingenua'',[18] asevera Luis Carlos Emerich.

Naïf y cándido, delicadamente descriptivo —siempre subyace la intención de documentar el hecho cultural—, su estilo peca de un decorativismo que raya a menudo en la cursilería, y no soporta siempre el rigor crítico. Un dictamen de Jorge Juan Crespo de la Serna resume el criterio con que se suele juzgar su obra de caballete:

Pudo haber sido un magnífico pintor. Pero se advierte que no había superado el armazón ideal y perfecto en que se encerraría y fructificaría una cosecha pictórica más vigorosa, más uniforme, menos inclinada a hacer resaltar sobre todo el dibujo

[18] Luis Carlos Emerich, ''Alrededor del sello de Miguel Covarrubias'', *Novedades*, 17 de marzo de 1987.

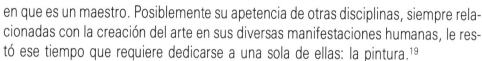

IZQUIERDA:
XOCHIMILCO [106]
ARRIBA:
ZEMPOALTÉPETL [107]

en que es un maestro. Posiblemente su apetencia de otras disciplinas, siempre relacionadas con la creación del arte en sus diversas manifestaciones humanas, le restó ese tiempo que requiere dedicarse a una sola de ellas: la pintura.[19]

Existen, sin embargo, estupendos ejemplos de la creatividad plástica de Covarrubias. El mural *Una tarde de domingo en Xochimilco*, que realiza en 1947 para el bar del hotel Ritz de la ciudad de México, constituye una hilarante y nostálgica puesta en escena del folklore urbano mexicano y de sus más típicos protagonistas. Una trajinera ocupada por varias ''comadres'', una pareja de catrines y un burócrata aferrado a su paraguas (aquel personaje humilde y a la expectativa de su obra más famosa, el óleo: *El hueso*), se desliza entre los matices del atardecer reflejados en el lago y el estallido cromático de las flores, los rábanos y los apios de las chalupas conducidas por indias. A lo lejos, otra trajinera ocupada por turistas estadounidenses de traje, corbata y sombrero que apuntan con su cámara fotográfica a la primera embarcación, completa la nota humorística de la imagen. Muy detallista, Miguel Covarrubias presta atención especial a la vestimenta (sombreros, peinados, galas domingueras y elegancia pachuca o provinciana) y a los elementos simbólicos de la convivencia popular: el frasco de pulque, la botella de cerveza Carta Blanca, los antojitos. Este cuadro costumbrista asocia el equilibrio compositivo, la expresividad narrativa y la sensualidad de una paleta crepuscular.

[19] Jorge Juan Crespo de la Serna, ''Miguel Covarrubias'', *Novedades*, 24 de marzo de 1957.

Al mural del hotel Ritz se añaden otras dos obras cartográficas de tamaño monumental que Covarrubias ejecuta en edificios de la capital: un *Mapa de la República*[20] (1947), en el hotel del Prado, dañado en el terremoto de 1985 y que sigue en espera de reparación; y el *Mapa de las artes populares* (1951) en el Museo de Artes e Industrias Populares, este último en estado de alarmante deterioro y sin perspectivas de restauración. Con la misma finalidad didáctica y factura alegórica que prevalece en los murales de la Feria de San Francisco realizados en la década anterior, los mapas etnográficos mexicanos combinan la función educativa y la interpretación poética. Distribuyen, con alegre colorido, la producción artesanal en la superficie del territorio nacional, mediante la ilustración en miniatura de los objetos propios de cada región; compendian datos referentes al turismo, la economía, la religión, y localizan a los grupos indígenas del país. Estas pinturas no constituyen creaciones aisladas en la multiforme obra pictórica de Covarrubias. Por el contrario, ratifican su penetrante conocimiento de las culturas americanas, y su extraordinaria habilidad para trasuntarlo visualmente. A partir de 1930 y hasta el final de su vida, Miguel Covarrubias desarrolló asimismo una labor de ilustración de libros que responde a su interés por la difusión cultural. Entre las veintiocho obras de ficción o de etnología —en su mayoría publicadas en Nueva York— destacan las novelas *Frankie and Johnny* (1930) de John Huston, *China* (1932) de Marc Chadourne, *Batouala* (1932) de René Maran, *Typee* (1935) de Herman Melville, *Uncle Tom's Cabin* (1938) de Harriet Beecher Stowe, y *All Men Are Brothers* (1948) de Shui Hu Chuan.

En el género del texto etnográfico, realizó la parte pictórica de *The Discovery and Conquest of Mexico (1517-1521)* de Bernal Díaz del Castillo, editado en inglés por Rafael Loera y Chávez para The Limited Editions Club en México, en 1942. Ilustró otros álbumes como el catálogo *Arts of the South Seas* de Ralph Linton y Paul Wingert (The Museum of Modern Art, Nueva York, 1946), *El pueblo del sol* de Alfonso Caso (Fondo de Cultura Económica, México, 1953), y en 1983 se reprodujeron sus dibujos sobre Bernal Díaz del Castillo en *La ruta de Hernán Cortés*, de Fernando Benítez (Salvat, México). Caso escribe en el prólogo de su libro: "He tenido la fortuna de que ilustre la obra un artista de la talla de Miguel Covarrubias que es al mismo tiempo un conocedor tan profundo de las antiguas culturas de México".

En la ilustración literaria Covarrubias intenta traducir fielmente los conceptos y en particular los colores originales. La gama cromática varía de un tema a otro; respeta los tonos terrosos de los antiguos códices o, al evocar las regiones de los Mares del Sur, por ejemplo, adopta una paleta de rojos, turquesas, morados y rosas vivos. En todos los proyectos que emprendió, Covarrubias procedió sistemáticamente al estudio de los valores cromáticos de las diferentes culturas que representó.

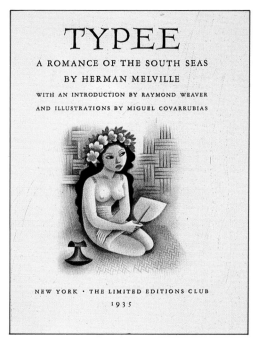

PORTADILLA DEL LIBRO *TYPEE* [108] 1935

BOCETO DE LA PORTADA DEL LIBRO *MULES AND MEN* [109] 1935

[20] En esta obra, uno de sus ayudantes es Arnoldo Martínez Verdugo, después líder comunista y candidato presidencial, a quien Covarrubias oculta en su casa cuando éste es perseguido por razones políticas en 1952.

DOS ILUSTRACIONES DEL LIBRO *BLUES, AN ANTHOLOGY* [110/111] 1926

DOS ILUSTRACIONES DEL LIBRO *BATOUALA* [112/113] 1932

"INMENSAS RAÍCES DE ÁRBOLES COLGADAS A LOS LADOS DE LA CAÑADA, ESCURRIENDO HUMEDAD...", DEL LIBRO *TYPEE* [114] 1935

DOS ILUSTRACIONES DEL LIBRO *TYPEE* [115/116] 1935

DOS ILUSTRACIONES DEL LIBRO *UNCLE TOM'S CABIN* [117/118] 1938

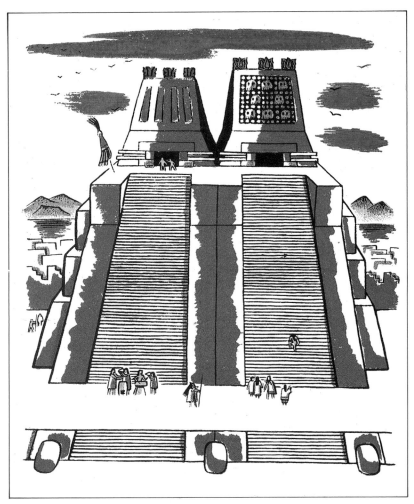

TRES ILUSTRACIONES DEL LIBRO *THE DISCOVERY AND CONQUEST OF MEXICO* [119/120/121] 1942

DOS ILUSTRACIONES DEL LIBRO *ALL MEN ARE BROTHERS* [122/123] 1948

ZAPATA [124]

EL HUESO O **EL MAESTRO RURAL** [125] 1940

UNA TARDE DE DOMINGO EN XOCHIMILCO [126]

UNA TARDE DE DOMINGO EN XOCHIMILCO (FRAGMENTO) [127]

VENDEDORA CON NIÑO [128]

VENDEDORA EN MERCADO [129]

EL SOL Y EL MAR [130]

PARAÍSO TERRENAL [131]

97

PARAÍSO TERRENAL (DETALLE: AUTORRETRATO CON SAMUEL FASTLISH) [**132**]

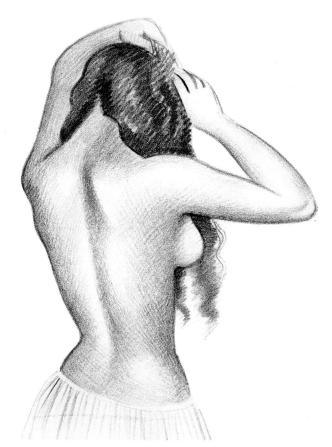

DESNUDO DE NIEVES OROZCO [133]

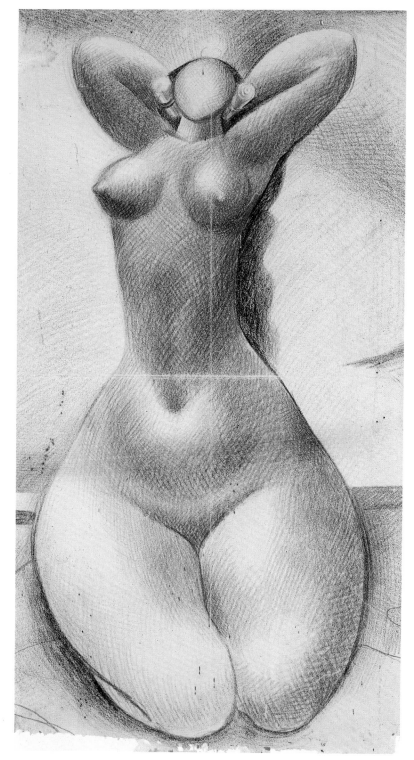

BOCETO PARA EL RETRATO DE NIEVES OROZCO [134]

RETRATO DE NIEVES OROZCO [135]

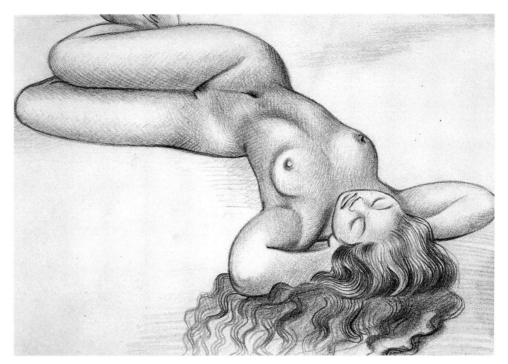

DESNUDO DE NIEVES OROZCO [136]

DESNUDO DE LA MARTINIQUE [137]

RETRATO DE BEATRIZ CASO [138]

EL ARTE POPULAR MEXICANO [139] 1951

RETRATO DE ALEGRA MISRACHI [140] 1953

RETRATO DE ROCÍO SAGAÓN [141]

4

DISEÑO PARA VESTUARIO DEL BALLET *EL INVISIBLE* [142] 1952

El siguiente —y último— trecho en la trayectoria profesional de Miguel Covarrubias se concreta con su nombramiento, en 1950, a la cabeza del Departamento de Danza del INBA, por Carlos Chávez, el primer director del Instituto, creado en diciembre de 1946. En los escasos tres años que Covarrubias ocupa el cargo —las exigencias políticas sexenales le obligan a dejarlo en 1952—, impulsa uno de los más importantes movimientos dancísticos nacionales: el del expresionismo mexicanista de los años cincuenta, al que solemos identificar como la "época de oro de la danza mexicana".[21]

La labor del nuevo director del Departamento de Danza se desarrolla en diferentes niveles: formativo, productivo y creativo. El primer objetivo concierne a la instauración de una enseñanza técnica avanzada, cuyo centro de operación es la Academia de la Danza Mexicana. Con estas miras, Covarrubias invita a destacados maestros de compañías extranjeras: José Limón, bailarín y coreógrafo estadounidense de origen mexicano, quien llega con Doris Humphrey, primero su maestra y después su colaboradora; Pauline Koner, Lucas Hoving, Bettey Jones y Xavier Francis son otros artistas huéspedes que favorecen el proceso de asimilación, entre los bailarines mexicanos, de las técnicas de la escuela estadounidense. Se crea la sección académica para bailarines y coreógrafos en la Academia de la Danza, para la cual se contrata a especialistas en historia del arte, folklore, literatura y poesía, música, luminaria, escenografía y maquinaria teatral. El propio Covarrubias se encarga de las clases de arqueología y cultura prehispánica. Para eliminar las luchas intestinas que desmiembran al gremio, se congrega a gran parte de los grupos dancísticos oficiales e independientes en un cuerpo de ballet homogéneo.[22]

Con el fin de remediar "la falta de técnica y de imaginación que atornilla al piso a muchos bailarines", Covarrubias propone mirar hacia nuestra

[21] El pintor Santos Balmori esclarece la posición de Covarrubias ante esta nueva misión cultural: "Miguel Covarrubias sólo pretendió construir la pista para el despegue posterior. Nunca se imaginó que el vuelo fuera asimismo punto de desembarque. Esto, para Covarrubias, hubiera significado cancelar toda posibilidad de futuro para la danza mexicana". Citado en Patricia Cardona, "Miguel Covarrubias (el de la danza)", *UnomásUno*, suplemento *Sábado*, 28 de febrero de 1987.
[22] Conservan su autonomía el Ballet Nacional de México y el Ballet Mexicano.

[. . .] gran tradición artística, antigua y moderna, que será sin duda la fuente principal de inspiración para la danza, cuando los bailarines aprendan a comprender la arrolladora plástica de la escultura prehispánica, la ingenuidad barroca y lujosa de nuestro arte colonial pueblerino, la simplicidad emotiva del arte popular, los grabados de José Guadalupe Posada, con sus diablos y calaveras, o el realismo provinciano de los pintores de retablos y de los retratistas y, sobre todo, la obra pictórica y musical de nuestros grandes artistas contemporáneos: Rivera, Orozco, Siqueiros, Tamayo, Chávez, Revueltas, Galindo, etcétera.[23]

Como en todos y cada uno de los campos en que ha incursionado a lo largo de su carrera, la danza es para Covarrubias un ámbito en que la investigación y la creación interdisciplinarias son condición *sine qua non* de perfeccionamiento recíproco. Para reformar la caduca infraestructura del Departamento de Danza, se rodea de elementos sobresalientes en diversas ramas. Así, en la producción de los treinta y cuatro ballets que monta en este periodo, colaboran en los diseños de escenografía y vestuario los pintores Gabriel Fernández Ledesma, José Chávez Morado, Carlos Mérida, Guillermo Meza, Leopoldo Méndez, Santos Balmori, Antonio Ruiz, Manuel Rodríguez Lozano, Rufino Tamayo, Olga Costa, Carlos Marichal, Arnold Belkin, Juan Soriano, Fernando Castro Pacheco, José Reyes Meza, Marcial Rodríguez, Luis Covarrubias y, desde luego, el propio Miguel Covarrubias. Las partituras musicales corresponden a los compositores Silvestre Revueltas, su discípulo Blas Galindo, Carlos Jiménez Mabarak, Carlos Chávez, Rodolfo Halffter, José Pablo Moncayo, Eduardo Hernández Mon-

23 Miguel Covarrubias, ''Florecimiento de la danza'', *México, realización y superación*, Superación, México, 1952, pp. 146-62.

De arriba a abajo
y de izquierda a derecha:
**Xavier Francis, Elena
Noriega, Antonio de la
Torre, Juan Casados,
Beatriz Flores, Miguel
Covarrubias, Raquel
Gutiérrez, Rosalío Ortega,
Guillermina Peñaloza,
Esperanza Gómez, Evelia
Beristáin, Guillermo
Keys, Rocío Sagaón y
Farnesio de Bernal.
Ballet *Tozcatl*, 1952**
Colección Rocío Sagaón

cada, Miguel Bernal Jiménez, Guillermo Noriega, Luis Sandi, Ángel Salas, Salvador Contreras, Luis Herrera de la Fuente, Salvador Moreno, Armando Montiel, Alejandro Luna e Ignacio Longares. En cuanto a la elaboración de los libretos, se convoca a Jesús Sotelo Inclán, Santos Balmori, José Revueltas, Emilio Carballido, Arrigo Coen Anitúa, José Bergamín, colaborando el mismo Covarrubias en la redacción.

Estas iniciativas ven la luz pese a las inevitables restricciones presupuestales del patrocinio oficial: el director de Danza no queda siempre al abrigo de los eventuales malabarismos financieros. Al respecto, Guillermo Arriaga recuerda: ''En alguna ocasión que el aparato burocrático detenía el ritmo acelerado que requiere el proceso de una temporada en el Palacio de Bellas Artes, Miguel desesperaba y a mí me tocó estar cerca de él, cuando descolgaba su propia obra plástica de su casa de Tizapán con el fin de venderla a Misrachi y poder así salvar la situación económica del momento''.[24]

Los ballets que se producen bajo su administración son, en su mayoría, de marcada temática nacionalista y se inspiran en los motivos y las formas originales de la cultura mexicana. Las escenografías son concebidas como paisajes arqueológicos e históricos, en los que conviven la referencia temporal (pirámides calcadas sobre dibujos del

[24] Guillermo Arriaga, ''Miguel Covarrubias en la danza'', en *Miguel Covarrubias*, CCIAC, cit., p. 197.

Códice Borbónico, en *Los cuatro soles*, o de calendarios náhuatl, en *Zapata*; telón de *Tozcatl* que transcribe diseños mixtecos; telones de *Los cuatro soles* que retoman las figuras del sol de agua, de aire, de fuego y de tierra, incluidas en el Códice de Huamantla), y la inventiva personal que medra en los espacios abiertos y despojados. ''Para él, el escenario no era más que un marco práctico deliberadamente plano, a manera de un retablo popular'',[25] comenta el dramaturgo Carlos Solórzano. La misma sobriedad rige el diseño de escenografías y vestuarios. En la coreografía, donde su imaginación se apoya en un conocimiento profundo del arte popular y de las tradiciones mexicanas, fomenta una expresión nutrida del espíritu místico y esencialmente rítmico de la danza indígena y folklórica.

Covarrubias manifiesta una hostilidad abierta hacia el concepto popular de la danza prehispánica, heredado del indigenismo porfiriano, un concepto ''mistificado, de gusto ramplón y operático'', según sus propias palabras. Con las mismas bases conceptuales que ha explotado en trabajos de otra índole, y que entrañan un afán de veracidad y de continuidad de la tradición, crea una atmósfera impregnada del espíritu de la danza ritual indígena: ''Tenemos una importante danza folklórica, regional o indígena ceremonial, de gran carácter y plasticidad, que debería cultivarse con veneración y respeto como parte esencial de la educación de nuestros bailarines, no para mejorarla sino para poseerla y aprovecharla en toda su autenticidad'',[26] asevera Covarrubias.

La incidencia capital de Covarrubias en la evolución de la danza mexicana y en su integración al acervo cultural nacional, al mismo título que la pintura y la música mexicanas contemporáneas, y en su difusión a nivel internacional fue, contrariamente a sus aportaciones en otros campos de la cultura que hasta fechas recientes permanecían soslayadas, reconocida por sus coetáneos, quienes vieron en él al promotor más trascendente de la danza en México. ''Miguel Covarrubias, el de la danza'', concluye Patricia Cardona, ''fue epicentro generador de tres temporadas en el Palacio de Bellas Artes [. . .] Como Serge Diaghilev, sabía detectar la luminosidad del genio creador. Bastó su presencia para que la danza adquiriera legitimidad frente a las otras artes.''[27]

Esta labor rebasó los límites de su gestión como funcionario del INBA: tras ser despedido, continuó formando equipo con los bailarines y coreógrafos de los nuevos grupos independientes. Participaba en la renta de un taller dancístico en la calle de Belisario Domínguez, donde se creó el ballet *Zapata*. En 1954 elaboró el vestuario de *Salón México*, *Romance*, *La comedia del arte* y *El alma en pena* (estos dos últimos ballets con coreografía de Rocío Sagaón: un nombre que en lo sucesivo será asociado al de Miguel Covarrubias).[28] Una posible explicación a su perseverancia en el medio de la danza, además de su gusto por el trabajo en equipo, es su relación amorosa con la bailarina Rocío Sagaón, quien ocupa un papel primordial en los últimos años de su vida.

PROGRAMA DE LA COMPAÑÍA DE DANZA MODERNA, INBA [143] 1951

[25] Citado en Sylvia Navarrete, ''Miguel Covarrubias, caricaturista de los mundanos y retratista del pueblo'', en *Miguel Covarrubias*, CCIAC, cit., p. 76.
[26] Patricia Aulestia de Alba, ''Miguel Covarrubias, su lección'', en *Miguel Covarrubias*, CCIAC, cit., pp. 217-18.
[27] Patricia Cardona, art. cit.
[28] *Zapata* y *Romance* se estrenaron en el Palacio de Bellas Artes; *Salón México*, *La comedia del arte* y *El alma en pena*, en el teatro Ródano de la ciudad de México.

JOSÉ LIMÓN BAILANDO *LA CHACONA EN RE MENOR* [144] 1951

DISEÑO PARA EL VESTUARIO DEL BALLET
TONANTZINTLA [145] 1951

JOSÉ LIMÓN Y VALENTINA CASTRO EN EL BALLET *TONANTZINTLA* [146] 1951

DISEÑO PARA LA ESCENOGRAFÍA DEL BALLET *TONANTZINTLA* [147] 1951

DISEÑO PARA LA ESCENOGRAFÍA DEL BALLET *LOS CUATRO SOLES* [148] 1951

DISEÑO PARA EL VESTUARIO DEL BALLET *TOZCATL* [151] 1952

DOS DISEÑOS PARA EL VESTUARIO DEL BALLET
LOS CUATRO SOLES [149/150] 1951

ROCÍO SAGAÓN Y GUILLERMO ARRIAGA BAILANDO *ZAPATA* [152] 1953

DOS DISEÑOS PARA EL VESTUARIO DEL BALLET
SALÓN MÉXICO [153/154] 1954

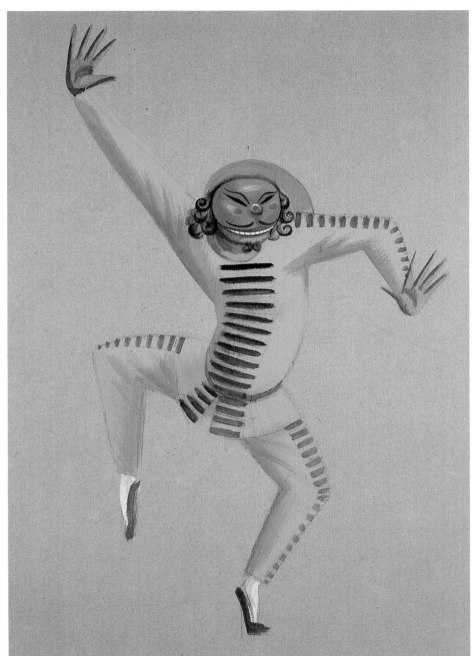

DISEÑO PARA EL VESTUARIO DEL BALLET *LA COMEDIA DEL ARTE* [155] 1954

5

Covarrubias delante de la escenografía del ballet *El sueño y la presencia*, **de José Chávez Morado**
Fotografía de Nacho López. Fototeca del INAH, Pachuca

Rocío Sagaón, en 1951, no ha cumplido los veinte años de edad. Tiene facciones indígenas y una elegancia natural subrayada por el largo cabello negro recogido en cola de caballo. Forma parte de la Academia de la Danza, concibe coreografías (*Muros verdes*, de 1951, y *Movimientos perpetuos*, de 1952, aparte de las ya citadas) y escenifica la mayoría de las piezas creadas por Covarrubias. Abundantes fotografías, las más de ellas tomadas por su hermano, el fotógrafo Nacho López (1924-1986), la representan en funciones, o en ensayos y descansos, al lado de Miguel.

Rocío Sagaón es la juvenil compañera, amante y colaboradora, como anteriormente lo fue Rosa Rolando, quien compartió en pie de igualdad la vida afectiva y profesional de Miguel Covarrubias. Para él, la esfera privada es indisociable de la experiencia laboral; lo hemos advertido al evocar a sus compañeros de trabajo: artistas, investigadores, antropólogos, museógrafos, que son también sus amigos más cercanos. Y la mejor prueba de este vínculo y compromiso la dan aquellas dos mujeres a las que amó en diferentes épocas y que compartieron, en su turno, sus sucesivos focos de interés. Covarrubias se relacionó sentimentalmente con ambas mujeres, a partir de una afinidad intelectual y sobre todo de la sensibilidad artística, que las integraron a su trabajo y les permitieron captar su mundo. Así, su vida amorosa se armonizó con el desarrollo de su carrera, complementándolo.

La unión de Miguel Covarrubias con Rocío Sagaón no fue del todo serena. Aunque cuadragenario, es ya un hombre enfermo y obligado, cada vez con mayor frecuencia, a guardar cama. Sus acaparadoras actividades lo han agotado: entre 1950 y 1957 acumula las profesiones de pintor, ilustrador literario, investigador y profesor de antropología, y director del Departamento de Danza del INBA, sin contar su nombramiento, en 1950, como asesor de arte en la Organización de las Naciones Unidas (ONU) y se-

Rocío Sagaón y Miguel Covarrubias
Colección Rocío Sagaón

cretario general de decoración del edificio central de esta institución en Nueva York. Fumador empedernido, tiene el corazón fatigado, padece diabetes hereditaria y de una úlcera del duodeno ocasionada por las tensiones nerviosas y el descuido de su salud.

De Rosa Rolando está separado mas no divorciado. Ella, incapaz de asumir la ruptura de una relación de veinticinco años, lo acosa con vituperios y hostigamientos de orden material, en los camerinos de Bellas Artes y hasta en la casa familiar de la colonia Condesa, donde él se ha refugiado con Rocío, entre sus hermanos. Inés Amor, quien no retenía la lengua al evocar la vida privada de los artistas amigos —o enemigos— suyos, testimonió en alguna ocasión de la conflictiva situación que perturbó los últimos días de Covarrubias:

Parece que su esposa Rosa regresó a México para no concederle el divorcio e impedir su casamiento con la bailarina. Pidió ayuda a Diego Rivera, quería ver a Miguel. Pero Miguel se volvió a internar bajo la expresa condición de que Rosa no fuera por ningún motivo autorizada a verlo. Rosa quería que él le firmara unos papeles, probablemente para asegurarle la herencia de su invaluable colección de piezas precolombinas. Diego, dividido entre Rosa y Miguel, como lo estaban todos sus demás amigos, con excepción de sus hermanos, quienes querían verlo en paz en sus últimas horas, aceptó acompañarla. Cuando llegaron, los doctores les negaron la entrada. Diego se enfureció y echó pestes, salió y regresó con varios policías. Pero los médicos formaron una hilera frente a la puerta del cuarto. Covarrubias, quien había declarado no querer seguir viviendo, murió sin haber tenido que enfrentarse a la mujer que lo había humillado tantas veces en público.[29]

[29] Citado en Sylvia Navarrete, art. cit., p. 80.

El 4 de febrero de 1957, Miguel Covarrubias muere de septicemia, a los cincuenta y dos años de edad. Al fallecer intestado, su herencia es objeto de manejos tortuosos. Sus bienes quedan repartidos entre Rosa Covarrubias, cónyuge sobreviviente de una pareja sin hijos y, por otro lado, sus hermanos José, Luis, Elena y Julia Covarrubias. Ya hemos aludido al extravío del baúl que contenía el manuscrito del tercer tomo de la trilogía antropológica sobre el arte de la América indígena. La colección de Miguel corre la misma suerte. A escasos meses de su fallecimiento, los cuatro hermanos Covarrubias entregan 675 piezas de su tesoro arqueológico al Museo Nacional de Antropología. Con la donación, se inaugura al año siguiente la ''Sala Miguel Covarrubias'' del recinto, montada por su hermano Luis. Al trasladarse el museo de la calle de Moneda al bosque de Chapultepec, el legado se desintegra de manera inexplicable. La dispersión de su herencia debe imputarse en gran parte a la actitud vengativa de Rosa, señala el investigador y coleccionista Ricardo Pérez Escamilla, quien fuera alumno de Covarrubias en la ENAH:

En vida del maestro, Rosa retiene la mayor parte de los bienes que había reunido el matrimonio: la casa de Tizapán, la inmensa colección de arte prehispánico y popular, y el acervo de cuadros de Miguel. Al fallecer Miguel, Rosa hereda casi todo. Pero, sintiéndose cansada —ya tiene sesenta y cuatro años— y no queriendo manejar propiedades y negocios, celebra un convenio verbal con el arquitecto Luis Barragán, quien le promete, a cambio de la administración del patrimonio de su marido, cubrir todas sus necesidades. Al morir Rosa, ella deja como único heredero a Barragán. Miguel había conservado un numeroso conjunto de sus pinturas —estamos hablando de cincuenta cuadros importantes—, lote que vendió Barragán a la Universidad de Austin, Texas, sin ninguna necesidad económica. Cuanta obra de arte Luis Barragán pudo transformar en dinero, lo hizo. No había nada ilegal: la obra de Covarrubias, que no está protegida, podía y puede salir del país sin inconveniente. Sin embargo, esta operación fue una falta imperdonable de conciencia cultural por parte de Luis Barragán.[30]

Nunca se supo cuántas piezas conformaban la colección de Miguel Covarrubias, ni tampoco la cantidad que se adjudicó Rosa. En el mes de junio de 1957, aparecieron cuarenta piezas del acervo en una subasta en Nueva York. A raíz de este suceso, el gobierno mexicano interpuso una demanda por medio de una firma de abogados estadounidenses. A pesar de esa carrera admirable, Miguel Covarrubias murió pobre en el hospital General de la ciudad de México.

ROCÍO SAGAÓN CON DEDICATORIA EN CHINO [156]

121

[30] Entrevista personal.

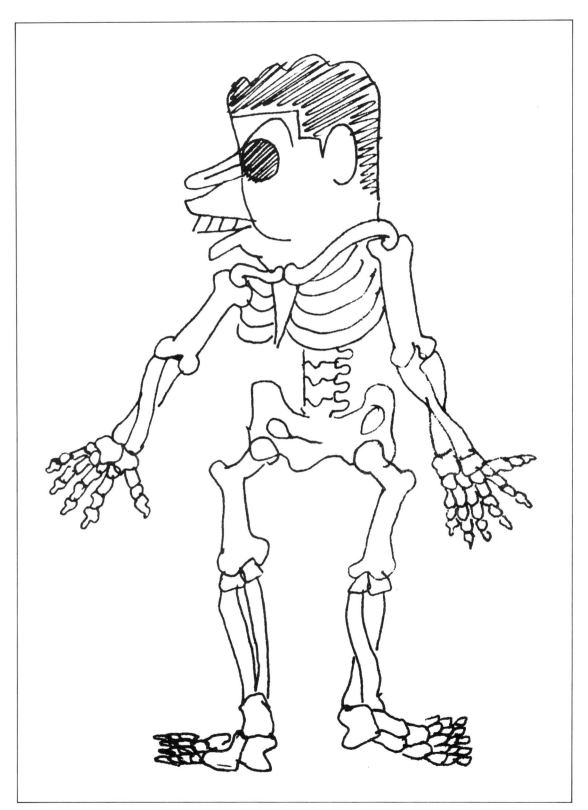

AUTOCARICATURA [157] 1946

Aunque en muchos terrenos Miguel Covarrubias fue precursor y descubridor, su trascendencia no ha sido aún plenamente percibida. En efecto, Covarrubias el artista, el investigador y el promotor cultural, no ha sido reconocido sino por partes. Es improcedente intentar encasillarlo en una categoría artística o científica exclusiva.

Miguel Covarrubias fue un humanista. Bien advierte el pintor Arnold Belkin que para muchos de sus contemporáneos, encarnó "el ejemplo del hombre universal, el artista renacentista por excelencia. Era la muestra viviente de cómo un pintor podía abarcar todas las disciplinas y enriquecer todas las artes con su visión y su talento".[31] Fervorosamente entregado al estudio de las "sociedades simples", como se les denomina en antropología, Covarrubias, en todos los campos del saber que exploró, mantuvo su visión en estrecho vínculo con la cultura. Comenzó su itinerario profesional en la caricatura, que despertó su interés por los rasgos; éste lo orientó tempranamente hacia el examen estilístico del arte primitivo y del arte con características sociales. En este sentido, *Negro Drawings* es ahora percibido como "todo un análisis antropológico, desde el punto de vista cultural".[32]

El hilo conductor de su trabajo es el estudio del rasgo estilístico y cultural, el cual, en sus investigaciones más elaboradas, desemboca en estudios estéticos comparados. En la antropología, esta óptica particular adquiere valor de ejemplo. Alfonso Caso declara: "Covarrubias dio a la arqueología algo que le faltaba y que nosotros no podíamos darle: una percepción estética de la forma. Era un hombre que tenía la virtud de renovarlo todo: las ideas, las formas, los colores y las palabras".[33] Ésta es una aportación capital a la antropología: Covarrubias no sólo descubre la importancia de la cultura formativa olmeca, sino que metodológicamente finca las bases para la comprensión de nuestro pasado a través de las manifestaciones artísticas. Crea conceptos y

[31] Arnold Belkin, *Contra la amnesia. Textos 1960-1985*, Universidad Autónoma Metropolitana/Domés, México, 1986, p. 170.

[32] Afirmación de Rafael Abascal, en Saide Sesín, "Sentó Miguel Covarrubias bases para que se tomara en cuenta en la arqueología el criterio artístico", *UnomásUno*, 14 de febrero de 1987.

[33] Elena Poniatowska, "Alfonso Caso, Harry Block y Diego Rivera hablan de Miguel Covarrubias", *Novedades*, suplemento *México en la Cultura*, 12 de mayo de 1957.

estilos para una iconografía que no había sido tomada en cuenta, y suscita un entendimiento global de las sociedades prehispánicas. Para él las expresiones artísticas son la síntesis de ideas de los pueblos que les dieron origen y que reflejan su cosmogonía.

Sus trabajos de recopilación, análisis e investigación de ritos, costumbres, danzas, trajes y tradiciones populares contribuyeron asimismo a la repentina apreciación, por parte de la sociedad posrevolucionaria, de la enorme riqueza cultural de las expresiones indígenas y populares. Justino Fernández apunta que ''se debe principalmente al sentido crítico de algunos pintores [entre los cuales enumera a Ernesto Icaza, el Dr. Atl, Diego Rivera, Roberto Montenegro, Adolfo Best Maugard, Gabriel Fernández Ledesma, Jesús Reyes Ferreira y Miguel Covarrubias] que la expresión popular se valorice ahora como arte''.[34] Su difusión de las raíces culturales de estas creaciones tradicionales se extendió hasta el terreno de la danza; la convicción de que esta disciplina era síntesis de costumbres le permitió revitalizar la escena mexicana moderna.

¿Por qué Miguel Covarrubias murió inédito en México? ¿Por qué sus libros han caído en el olvido (ninguno de ellos ha sido reeditado desde su tardía traducción al español) y sus trabajos antropológicos no se conocen? Rafael Abascal proporciona una respuesta a esta interrogante todavía vigente a más de treinta años de su fallecimiento:

Fue tan rápida y tan productiva su aproximación al mundo antropológico que cuando murió, sus ideas se quedaron allí sin tiempo para publicarse. Gran cantidad de sus ideas fueron tomadas por otros autores, que son quienes las han difundido. Lo veían como gente de afuera del medio, son cosas de grupos. Él era tímido y nunca buscó colocarse ni enfrentarse. Se aprovecharon muchas de sus ideas y de su obra y ello provocó que ésta, la fuente de donde bebían muchos, quedara relegada y, a pesar de que se agotaron rápidamente las que editó la UNAM, no fueron reeditadas.[35]

Ya desde su larga estancia en Nueva York, en la segunda y tercera décadas del siglo, la ambivalencia marca su obra: siendo uno de los escasos caricaturistas mexicanos que triunfan en el extranjero (le había precedido en Nueva York el dibujante satírico Marius de Zayas) reinventando las técnicas del dibujo mediante la sátira y la parodia, no por ello deja de ser considerado por el público y la crítica estadounidenses como artista foráneo. Una vez establecido en México, no logra deshacerse de esta ambigüedad con que se le juzga. Entre los artistas es considerado un ''folklorista'', un etnógrafo obnubilado ''por las ruinas, las piezas arqueológicas y las escenas folklóricas''.[36] En el gremio de la antropología, no es más que un artista individualista y romántico extraviado en el mundo de la ciencia. En este sentido, a las palabras elogiosas de Al-

[34] Justino Fernández, ''Arte moderno y contemporáneo'', *México y la cultura,* SEP, México, 1946, p. 291.
[35] Saide Sesín, art. cit.
[36] Jorge Alberto Manrique y Teresa del Conde, *Una mujer en el arte mexicano. Memorias de Inés Amor,* UNAM, México, 1987, p. 129.

125

AUTORRETRATO [158] 1937

fonso Caso que mencionamos arriba, podemos confrontar el siguiente juicio reductivo de antropólogos modernos: ''Miguel Covarrubias basó su hipótesis del origen guerrerense de lo olmeca, en un mero análisis estilístico y estético, derivado tan sólo de su fina intuición y, sin duda, alta capacidad de observación. Pero nada más''.[37]

Su obra plástica es objeto de una interpretación análoga. Debido a su carácter ilustrativo y anecdótico, y al remitirse a un lenguaje visual hecho de una exquisitez y de un poder sugestivo que no se equiparan con las experimentaciones vanguardistas de su

[37] Lorenzo Ochoa, Roberto Gallegos, Mari Carmen Serra Puche, Marcia Castro Leal, Carlos Navarrete y Ernesto Vargas, ''Irresponsable, la referencia a Piña Chan'', *La Jornada*, 19 de febrero de 1987.

tiempo, su obra de caballete lo confina en la categoría de artista menor. Formidable caricaturista, Covarrubias es desestimado en lo que a pintura se refiere. Raquel Tibol, aunque subraya sus virtudes de ''catalizador de muchas conquistas culturales'', hace hincapié en las limitaciones del ''amable decorativismo'' del pintor: ''Quien ha manipulado el regionalismo sin otro fin que el meramente ornamental es Miguel Covarrubias'',[38] escribe en una historia del arte mexicano. Y abunda: ''De las diversas especialidades plásticas practicadas por Covarrubias, es en la caricatura donde alcanza un esplendor no igualado por su pintura de caballete, sus mapas etnográficos ni sus copias de piezas artísticas regionales o antiguas''.[39]

La pintura de Miguel Covarrubias, en efecto, es ante todo descriptiva y, tanto como el producto de sus investigaciones antropológicas, obedece a una intención precisa: la divulgación. Al igual que sus escritos especializados de tono antiacadémico, la temática de sus cuadros, ya sea que evoque el paisaje natural y humano de Bali o la vida cotidiana en el Istmo de Tehuantepec, representa el legado de culturas primitivas y populares y, con vocabulario visual sencillo y sintético, pone al alcance del espectador el desciframiento fácil de la imagen y de su contexto. Ahora bien, no obstante su pintoresquismo latente, la producción pictórica de Covarrubias se ve beneficiada por una factura precisa heredada de su formación en la caricatura, y por la continuidad de una temática de raigambre popular, que otorgan a su obra de caballete una incontestable coherencia. La composición aireada, el lirismo delicado de la evocación, la frescura y lozanía de las imágenes, hacen de sus ''ilustraciones'' obras terminadas y completas. A la gozosa atmósfera que proyectan sus lienzos, concurre asimismo una deslumbrante paleta cromática que restituye por igual la acentuada volumetría de las frondosidades selváticas, la textura aterciopelada de una tez morena, o los contrastes en los estampados de telas teñidas artesanalmente. La riqueza de la gama cromática y su armonía con la iconografía que sustenta, delatan una técnica esmerada cuyo mejor ejemplo son los experimentos que solía efectuar el autor con los pigmentos, en aras de emplear los más apegados a los originales.

La pintura de Miguel Covarrubias obedeció a una gran fidelidad del autor a sí mismo, a sus pasiones, a sus temas, a su lenguaje. Si bien su obra llegó a sufrir de edulcoramiento, se debe a que se dedicó a captar entornos que él mismo aprehendió con cierto candor y que el público percibió como exóticos. Quizá su defecto fue haber asignado a su arte la función de testimonio visual. Su pintura es complementaria a su labor antropológica autodidacta. Ambas, tanto como las otras facetas creativas de su personalidad, deben ser aprehendidas en el contexto global de su pensamiento pluridisciplinario y de sus aportaciones, multiformes y decisivas, a la cultura mexicana de este siglo.

[38] Raquel Tibol, *Historia general del arte mexicano*, Hermes, México, 1981, p. 338.
[39] Raquel Tibol, ''Las lecciones de Miguel Covarrubias'', cit., p. 26.

CRONOLOGÍA

José Covarrubias, el padre, y Elena Duclaud, la madre
Colección María Elena Rico

1904

Miguel Covarrubias Duclaud nace el 22 de noviembre en la ciudad de México, hijo de José Covarrubias Acosta y de Elena Duclaud Fuero.

1920

Abandona la preparatoria y emprende una formación autodidacta. Empieza a publicar caricaturas en revistas estudiantiles y literarias: *Policromías*, *Cáncer*, *La Falange* y *Zig-Zag*. Trabaja como dibujante de planos y mapas en la Secretaría de Comunicaciones.

1921

Publica sus caricaturas en *El Heraldo*, *El Universal Ilustrado*, *El Mundo* y en otros periódicos nacionales.

1923

Ilustra *Método de dibujo. Tradición, resurgimiento y evolución del arte mexicano* de Adolfo Best Maugard (Secretaría de Educación, México). Se instala en Nueva York. Publica caricaturas del mundo del espectáculo en los diarios *New York Herald*, *New York Tribune*, *New York Evening Post* y *New York World* (1923-1932).

Dos imágenes del niño Miguel
Colección María Elena Rico

1924

Inicia su colaboración en la revista mensual *Vanity Fair* (1924-1936), en *Screenland*, *Current Opinion*, *The Nation* y *Modes and Manners*, y en los periódicos *New York Times* (1924-1937), *Brooklyn Daily Eagle*, *New York Evening Telegram* y *Brooklyn Times-Union*. Expone sus caricaturas en el Whitney Studio Club de Nueva York.

1925

Publica su libro de caricaturas *The Prince of Wales and Other Famous Americans* (Knopf, Nueva York). Inicia su colaboración mensual en la revista *The New Yorker* (1925-1950). Expone en la New Gallery y en la Dudensing Gallery de Nueva York. Realiza la escenografía del número ''Rancho mexicano'' en la revista musical *Garrick Gaieties* (donde actúa su futura esposa, Rosemonde Cowan Ruelas), la escenografía y el vestuario de *Androcles and the Lion* de George Bernard Shaw, producido por el Theatre's Guild, y la escenografía de *La Revue Nègre* con Josephine Baker, producida por Le Théâtre des Champs-Elysées, París. Concibe la portada de *Trimblerigg* de Lawrence Housman (Boni, Nueva York).

1926

Ilustra la portada de *The Weary Blues* de Langston Hughes (Knopf, Nueva York) y el texto de *Blues, an Anthology* de William C. Handy (Boni, Nueva York). Viaja a Europa y a África del Norte.

1927

Publica *Negro Drawings* (Knopf, Nueva York). La crítica neoyorquina lo denomina ''descubridor de Harlem''. Colabora en la revista *Delineator*.

1928

Inicia su labor museográfica al montar la exposición ''Artes aplicadas de México'' en el Art Center de Nueva York.
Expone en la Valentine Gallery de Nueva York.

Ilustra *Meaning no Offense* de John Riddell (John Day, Nueva York) y *Adventures of an African Slaver* de Theodore Canot (Boni, Nueva York). Colabora en la revista *Life* (1928-1944).

1929

Ilustra *Born to be* de Taylor Gordon (Covici-Friede, Nueva York).

1930

Se casa con Rose Cowan Ruelas, a la que rebautiza Rosa Rolando, en Kentcliffe, Nueva York. Su luna de miel, en barco de carga, los lleva a Japón, China, Manila, Java, Sumatra, Singapur, Egipto, Italia y Francia. Efectúan una escala de nueve meses en Bali.
Ilustra *The John Riddell Murder Case* de John Riddell (Scribner's, Nueva York) y *Frankie and Johnny* de John Huston (Boni, Nueva York). Recibe el premio del Art Directors Club por el anuncio comercial ''An American in Paris'' de la compañía Steinway's and Sons. Colabora en las revistas *House and Garden* y *Forum*.

1931

Publica sus ''Entrevistas imposibles'' en *Vanity Fair*. Ilustra *China* de Marc Chadourne (Plon, París, y Covici-Friede, Nueva York).

1932

Expone sus pinturas balinesas en la Valentine Gallery de Nueva York. Diego Rivera firma el texto del catálogo.
Colabora en la revista *Fortune* (1932-1942).

1933

Ilustra *Peace by Revolution* de Frank Tannenbaum (Columbia University Press, Nueva York). Recibe la beca Guggenheim para estudiar las expresiones artísticas en Bali. Reside en la isla, en compañía de Rosa Rolando, durante un año.

1935

Participa en la exposición ''Mexican Art'' en la College Art Asociation, Nueva York.

Expone en forma individual en la Galería de Arte Mexicano de la ciudad de México.
Ilustra *Typee* de Herman Melville (The Heritage Press, Nueva York) y *Mules and Men* de Zora Neale Hurston (Lippincott, Nueva York).

1936

Vanity Fair se fusiona con *Vogue*. Sigue colaborando en *Vogue* con caricaturas y con artículos ocasionales y publica en las revistas *Art Digest* y *Theatre Arts Monthly* (1936-1940). Ilustra *Green Mansions* de William H. Hudson (The Heritage Reprints, Nueva York).

1937

Publica *Island of Bali* (Knopf, Nueva York), escrito e ilustrado por él, y que incluye fotografías de Rosa Covarrubias. El libro recibe buena crítica. Diseña telas con motivos balineses y decora a la manera balinesa los aparadores de la tienda Franklin Simon de la Quinta Avenida. Colabora en la revista *Asia*.

1938

Recibe el premio del Art Directors Club por la mejor portada de revista (portada ''surrealista'' de *Vogue*, 1° de julio de 1937). Colabora en la revista *Mexican Art and Life*.
Ilustra *Uncle Tom's Cabin* de Harriet Beecher Stowe (The Limited Editions Club, Nueva York) y *Run Masked* de Robb White (Knopf, Nueva York).

1939

Participa en la ''Golden Gate World Fair'' de San Francisco, con seis mapas murales de grandes dimensiones y de tema etnográfico que serán reproducidos en facsímil en una edición popular. Colabora en la revista *Time*.

1940

Recibe la beca Guggenheim para elaborar un libro sobre las culturas indígenas del Istmo de Tehuantepec.
Participa en la exposición ''Veinte siglos de arte mexicano'' en el Museum of Modern Art de

Nueva York. Organiza él mismo la sección de arte moderno y firma un ensayo en el catálogo.

1942
Regresa definitivamente a México.
Ilustra *The Discovery and Conquest of Mexico (1517-1521)* de Bernal Díaz del Castillo (The Limited Editions Club, México).
Dirige un proyecto de excavaciones en el sitio arqueológico de Tlatilco, Estado de México, que concluirá en 1949.

1943
Daniel Rubín de la Borbolla, director de la Escuela Nacional de Antropología e Historia, lo invita a impartir la cátedra de museografía, con la que crea la carrera de esa disciplina.
Publica ilustraciones en la revista estadounidense *Town and Country*.

1944
Organiza la exposición ''Máscaras mexicanas'' en el Museo Nacional de Antropología, entonces sito en la calle Moneda. Se le encarga la reestructuración del museo.

1945
Organiza con los museógrafos René d'Harnoncourt y Daniel Rubín de la Borbolla la exposición ''El arte indígena de Norteamérica'', en el Museo Nacional de Antropología. Redacta uno de los ensayos del catálogo.
Recibe el premio del Art Directors Club de Nueva York por un anuncio comercial de la Dole Pineapple Company.

1946
Publica el libro *Mexico South* (Knopf, Nueva York), escrito e ilustrado por él, y que incluye fotografías de Rosa Covarrubias.
Ilustra el catálogo de la exposición ''Art of the South Seas'' de Ralph Linton y Paul S. Wingert (Museum of Modern Art, Nueva York).

1947
Pinta dos murales en la ciudad de México: *Mapa de la República*, en el hotel del Prado (de-

saparecido en el sismo de 1985) y *Una tarde de domingo en Xochimilco*, en el bar del hotel Ritz.
Imparte cátedras de arte prehispánico y primitivo en la Escuela Nacional de Antropología; sus alumnos lo acompañan en sus trabajos de campo en los sitios arqueológicos.

1948
Ilustra *All Men Are Brothers* de Shui hu Chuan (traducción de Pearl Buck, The Heritage Press, Nueva York).

1950
Es nombrado jefe del Departamento de Danza del Instituto Nacional de Bellas Artes. Conoce a la joven bailarina Rocío Sagaón, su última compañera.

1951
Diseña la escenografía y el vestuario de los ballets *Los cuatro soles*, *Tonantzintla*, *Antígona*, *Redes o El grito* y *Huapango*.

1952
Diseña la escenografía y el vestuario de los ballets *Tozcatl*, *Muros verdes*, *El invisible* y *Movimientos perpetuos*.
Renuncia a su puesto de jefe del Departamento de Danza del Instituto Nacional de Bellas Artes.
Prepara una extensa investigación sobre el arte indígena en el continente americano.

1953
Diseña la escenografía y el vestuario del ballet *Zapata*, producido por un grupo dancístico independiente.
Organiza la exposición ''Obras selectas del arte popular'' en el Museo Nacional de Artes e Industrias Populares, ciudad de México.
Ilustra *El pueblo del sol* de Alfonso Caso (Fondo de Cultura Económica, México) y *John and Juan in the Jungle* de Yvan T. Sanderson (Dodd, Mead and Co., Nueva York).

Covarrubias fotografiado por Nickolas Muray en Nueva York
Colección María Elena Rico

1954
Publica *The Eagle, the Jaguar and the Serpent* (Knopf, Nueva York), primer tomo de la serie antropológica dedicada al arte indígena en América.
Diseña la escenografía y el vestuario de los ballets *Romance*, *Salón México*, *La comedia del arte* y *El alma en pena*, producidos por grupos independientes. Instala las salas de Tlatilco y de los Mares del Sur en el Museo Nacional de Antropología.

1957
Muere el 4 de febrero en la ciudad de México.
Se publica póstumamente el segundo tomo de su serie antropológica: *Indian Art of Mexico and Central America* (Knopf, Nueva York). El tercer tomo queda inconcluso y el manuscrito se extravía.

BIBLIOGRAFÍA Y HEMEROGRAFÍA DE MIGUEL COVARRUBIAS

BIBLIOGRAFÍA

The Prince of Wales and Other Famous Americans. Introducción de Carl van Vechten. Alfred A. Knopf, Nueva York, 1925

Negro Drawings. Prefacio de Ralph Barton, introducción de Frank Crowninshield. Alfred A. Knopf, Nueva York, 1927

Island of Bali. Con fotografías de Rosa Covarrubias. Cassell and Co. Ltd., Londres, y Alfred A. Knopf, Nueva York, 1937

Pageant of the Pacific. Seis mapas del área del Pacífico. Pacific House, San Francisco, Calif., 1939. *La zona del Pacífico*, traducción Andrés Rodríguez, San Francisco, Calif., 1945

Mexico South: the Isthmus of Tehuantepec. Con fotografías de Miguel y Rosa Covarrubias. Alfred A. Knopf, Nueva York, 1946. Traducción: *El sur de México: el Istmo de Tehuantepec*, Instituto Nacional Indigenista, México, 1980

The Eagle, the Jaguar and the Serpent. Indian Art of the Americas: North America, Alaska, Canada, the United States. Alfred A. Knopf, Nueva York, 1954. *El águila, el jaguar y la serpiente*, traducción Sol Arguedas, Universidad Nacional Autónoma de México, México, 1961

Indian Art of Mexico and Central America, 2 vols. Alfred A. Knopf, Nueva York, 1957. *Arte indígena de México y Centroamérica*, traducción Sol Arguedas, Universidad Nacional Autónoma de México, México, 1961

HEMEROGRAFÍA
ARTÍCULOS PUBLICADOS EN REVISTAS NORTEAMERICANAS O EN INGLÉS

''The Theatre in Bali'', *Theatre Arts Monthly*, número especial con artículos y dibujos de Miguel Covarrubias y fotografías de Rosa Covarrubias, vol. 20, n. 8, agosto de 1936

''Voodoo Blackens the Night Spots'', *Vogue*, vol. 89, n. 5, 1º de marzo de 1937, p. 71

''Everyday Life in Bali'', *Asia*, abril de 1937, pp. 254-59

''Good Food in Bali'', *Asia*, mayo de 1937, pp. 334-39

''Birth to Marriage in Bali'', *Asia*, junio de 1937, pp. 414-19

''Festival of Death: Balinese Cremation Ceremonies'', *Asia*, julio de 1937, pp. 518-21

''Balinese Art'', *Asia*, agosto de 1937, pp. 578-83

''Must Bali Be Spoiled?'', *Asia*, septiembre de 1937, pp. 649-53

''Theatre in Mexico'', *Theatre Arts Monthly*, vol. 22, n. 8, agosto de 1938, pp. 555-623

''Slapstick and Venom'', *Mexican Life*, vol. XV, n. 1, enero de 1939, p. 21

''Women of Fashion in Tehuantepec'', *Vogue*, vol. 99, n. 2, 15 de enero de 1942, p. 52

''Tlatilco: Archaic Mexican Art and Culture'', *Dyn*, vol. 4-5, 1943, pp. 40-46

''La Venta: Colosal Heads and Jaguar Gods'', *Dyn*, vol. 6, 1944, pp. 24-33

''Jade in Mexico'', *Asia and the Americas*, 1946, pp. 469-97

''Arts of the South Seas'', *Vogue*, vol. 107, n. 3, 1º de febrero de 1946, p. 128

''Mezcala, Ancient Mexican Sculpture'', *André Emmerich Gallery*, Nueva York, 1956

''Olmec Art or the Art of La Venta'', traducción Robert Pirazzani, *Lecturas de arte precolombino e historia*, Condy-Collins y Jean Sterm, Palo Alto, Calif., 1977

ARTÍCULOS PUBLICADOS EN MÉXICO

''Notas sobre máscaras mexicanas'', traducción William Spratling, *Mexican Folkways*, vol. V, n. 3, julio-septiembre de 1929, pp. 114-17

''Origen y desarrollo del estilo artístico 'Olmeca''', *Mayas y olmecas*, Segunda Reunión de la Sociedad Mexicana de Antropología, Tuxtla Gutiérrez, Chiapas, 1942, pp. 46-49

''El arte 'Olmeca o de La Venta''', *Cuadernos Americanos*, vol. IV, 1946, pp. 153-79

''Tipología de la industria de piedra tallada y pulida en la cuenca del río Mezcala'', *El Occidente de México*, Sociedad Mexicana de Antropología, 1948, pp. 86-90

Sin título, *Novedades*, 23 de mayo de 1949

''Arte moderno de México'', *Novedades*, 5 de junio de 1949

''Las raíces políticas del arte en Tenochtitlan'', *México en el Arte*, vol. VIII, INBA/SEP, 1949, pp. 65-76. Traducción: ''Les Racines Politiques de l'art à Tenochtitlan'', *México en el Arte*, edición especial en francés, INBA/SEP, 1952, pp. 43-54

''Tlatilco: el arte y la cultura preclásica del Valle de México'', *Cuadernos Americanos*, vol. LI, n. 3, 1950, pp. 149-62

''Geografía e historia del folklore'', *Tiempo*, vol. XIX, n. 474, 1º de junio de 1951 (portada)

''La danza'', *México en el Arte* n. 12, INBA/SEP, 1952. Republicación: ''La danza en 1952'', *México en el Arte*, segunda época, n. 13, INBA/SEP, pp. 83-85, verano de 1986

''Florecimiento de la danza'', *México, realización y superación*, Superación, México, 1952, pp. 146-62

''El águila, el jaguar y la serpiente'', *Tlatoani* n. 8-9, Escuela Nacional de Antropología e Historia, 1954

''Chi Pai Shi, distinguido artista del pueblo'', Wu Tsu Kuang, traducción Miguel Covarrubias, *Artes de México* n. 2, 1954, pp. 59-65

''La danza prehispánica'', *Artes de México* n. 8-9, 1955. Republicado en *Textos de Danza* n. 1, UNAM, 1980

''El sur de México'', *Clásicos de la Antropología Mexicana n. 9, Instituto Nacional Indigenista, México, 1980

LIBROS ILUSTRADOS

Adolfo Best Maugard, *Método de dibujo. Tradición, resurgimiento y evolución del arte mexicano.* Secretaría de Educación, México, 1923

Lawrence Housman, *Trimblerigg.* Nueva York, 1925 (portada)

William C. Handy, *Blues, an Anthology.* Albert and Charles Boni, Nueva York, 1926

Langston Hughes, *The Weary Blues.* Nueva York, 1926 (portada)

Theodore Canot, *Adventures of an African Slaver.* Albert and Charles Boni, Nueva York, 1928

John Riddell, *Meaning no Offense.* The John Day Co., Nueva York, 1928

Taylor Gordon, *Born to Be.* Covici-Friede, Nueva York, 1929

John Huston, *Frankie and Johnny.* Albert and Charles Boni, Nueva York, 1930

John Riddell, *The John Riddell Murder Case, a Philo Vance Parody.* Scribner's, Nueva York, 1930

Marc Chadourne, *China.* Covici-Friede, Nueva York, 1932

René Maran, *Batouala.* The Limited Editions Club, Nueva York, 1932

John Riddell, *In the Worst Possible Taste.* Scribner's, Nueva York, 1932

Frank Tannenbaum, *Peace by Revolution.* Columbia University Press, Nueva York, 1933

Zora Neale Hurston, *Mules and Men.* Lippincott, Nueva York, 1935

Herman Melville, *Typee.* The Heritage Press, Nueva York, 1935

William H. Hudson, *Green Mansions.* The Heritage Reprints, Nueva York, 1936

Albert Gervais, *Madame Flowery Sentiments.* Covici-Friede, Nueva York, 1937

Robb White, *Run Masked.* Alfred A. Knopf, Nueva York, 1938 (portada)

Harriet Beecher Stowe, *Uncle Tom's Cabin.* The Limited Editions Club, Nueva York, 1938

Bernal Díaz del Castillo, *The Discovery and Conquest of Mexico (1517-1521).* The Limited Editions Club, México, 1942. Ilustraciones reproducidas en Fernando Benítez, *La ruta de Hernán Cortés*, Salvat, México, 1983

William Prescott, *A History of the Conquest of Mexico* (2 tomos). The Heritage Press, Nueva York, 1942

Ralph Linton y Paul Wingert, *Arts of the South Seas.* The Museum of Modern Art, Nueva York, 1946

Shui hu Chuan, *All Men Are Brothers.* Traducción Pearl Buck. The Heritage Press, Nueva York, 1948

Yvan T. Sanderson, *John and Juan in the Jungle.* Dodd, Mead and Co., Nueva York, 1953

Alfonso Caso, *El pueblo del sol.* Fondo de Cultura Económica, México, 1953

Román Piña Chan y Luis Covarrubias, *El pueblo del jaguar.* Consejo para la planeación e instalación del Museo Nacional de Antropología, Secretaría de Educación Pública, México, 1964

ILUSTRACIONES EN LA PRENSA ESTADOUNIDENSE

Vanity Fair. Colaboraciones mensuales (portadas e interiores) 1924-1936

1924 Julio, agosto, octubre, noviembre, diciembre

1925 Los doce números del año

1926 Los doce números del año

1927 Los doce números del año

1928 Los doce números del año

1929 Los doce números del año

1930 Los doce números del año

1931 Enero, febrero, marzo, octubre

1932 Los doce números del año

1933 Los doce números del año

1934 Febrero, marzo, abril, noviembre, diciembre

1935 Enero, febrero, marzo, abril, mayo, junio, julio, agosto, septiembre, octubre, diciembre

1936 Enero, febrero

PRIMERAS REFLEXIONES SOBRE AVIACIÓN [159] 1929

Vogue. Colaboraciones quincenales. 1936-1953

1936 Marzo (1ª quincena), abril (1ª, 2ª), mayo (1ª), junio (1ª, 2ª), agosto (2ª), septiembre (2ª), noviembre (1ª, 2ª)

1937 Enero (1ª), febrero (2ª), marzo (1ª), junio (1ª, 2ª), julio (1ª), agosto (1ª), noviembre (1ª, 2ª)

1938 Febrero (2ª), mayo (2ª), junio (1ª)

1940 Enero (1ª), febrero (1ª), junio (2ª)
1941 Octubre (2ª)
1942 Enero (1ª, 2ª), mayo (1ª)
1943 Diciembre (2ª)
1944 Febrero (1ª)
1946 Febrero (1ª)
1953 Febrero (1ª)

The New Yorker. 1925-1949
1925 Febrero (vol. 1, n. 1, 2), marzo (n. 3, 4, 5, 6), abril (n. 7, 8), mayo (n. 11, 13, 14), junio (n. 16, 17, 19), julio (n. 20)
1926 Enero (n. 48, 49, 50), febrero (n. 51; vol. 2, n. 2), marzo (n. 3, 4, 5, 6), abril (n. 7, 8, 10), mayo (n. 11, 13), julio (n. 22), octubre (n. 37), noviembre (n. 38, 40, 41), diciembre (n. 42, 43, 44, 45)
1927 Enero (n. 46, 48), febrero (n. 52), marzo (vol. 3, n. 3, 4, 6), abril (n. 9), mayo (n. 12), junio (n. 17)
1928 Marzo (vol. 4, n. 6), mayo (n. 11)
1929 Abril (vol. 5, n. 9, 10), mayo (n. 13), julio (n. 20), diciembre (n. 43, 45)
1930 Marzo (vol. 6, n. 2, 4), abril (n. 9), septiembre (n. 32)
1931 Diciembre (vol. 7, n. 45)
1932 Enero (n. 47, 48), febrero (vol. 8, n. 2), marzo (n. 3)
1934 Agosto (vol. 10, n. 28), octubre (n. 35), noviembre (n. 39, 41)
1936 Abril (vol. 12, n. 8), mayo (n. 11)
1937 Abril (vol. 13, n. 7, 8), mayo (n. 12), junio (n. 16)
1938 Abril (vol. 14, n. 10, 11), agosto (n. 26)
1941 Diciembre (vol. 17, n. 44)
1942 Enero (n. 48), abril (vol. 18, n. 9), julio (n. 22), septiembre (n. 32)
1943 Abril (vol. 19, n. 8), agosto (n. 27), octubre (n. 31), noviembre (n. 39, 41)
1944 Marzo (vol. 20, n. 3), junio (n. 17)
1948 Diciembre (vol. 24, n. 41)
1949 Marzo (vol. 25, n. 5)

ILUSTRACIONES EN LA PRENSA MEXICANA

Cáncer
   1920
Policromías
   n. 15, agosto de 1920
   n. 17, octubre de 1920 (portada)
Zig-Zag
   1920
   1921
El Mundo
   19 de mayo de 1923
La Falange
   Enero de 1923
   Febrero de 1923
   Septiembre de 1923
Mexican Life
   Octubre de 1926
   Enero de 1937
Mexican Folkways
   n. 1, vol. 5, enero-marzo de 1929
   n. 2, vol. 5, abril-junio de 1929
Fantoche
   Febrero de 1929
   Octubre de 1931
Revista de Revistas
   17 de abril de 1932
   24 de enero de 1937
Hoy
   Marzo de 1957 (portada)
UnomásUno, suplemento *Sábado* n. 383, 16 de febrero de 1985
Historias
   n. 10, julio-septiembre de 1985

CATÁLOGOS DE EXPOSICIONES

Miguel Covarrubias. Whitney Studio Club, Nueva York, 1924
Miguel Covarrubias. Valentine Gallery, Nueva York, 1928
Miguel Covarrubias. Prefacio de Diego Rivera. Valentine Gallery, Nueva York, 1932
Veinte siglos de arte mexicano. Sección "Arte moderno" a cargo de Miguel Covarrubias. Museo de Arte Moderno, Nueva York, e Instituto Nacional de Antropología e Historia, México, 1940
El arte indígena de Norteamérica. Miguel Covarrubias y Daniel F. Rubín de la Borbolla, introducción René d'Harnoncourt. Instituto Nacional de Antropología e Historia, México, y National Gallery of Art e Instituto Norteamericano de Relaciones Culturales, Nueva York, 1945
Obras selectas del arte popular. Texto y portada de Miguel Covarrubias. Museo Nacional de Artes e Industrias Populares, México, 1953
Escultura precolombina de Guerrero. Dibujos Miguel Covarrubias, textos Daniel F. Rubín de la Borbolla y William Spratling. Museo de Ciencias y Arte, Ciudad Universitaria, México, 1964
Miguel Covarrubias. Dibujos y pinturas. Introducción Santos Balmori. Galería Metropolitana, México, 1981
The Jazz Age. Ralph Barton, Miguel Covarrubias y John Held, Jr., Nueva York
Miguel Covarrubias Caricatures. Beverly Cox y Denna Jones Anderson. Textos Al Hirschfeld y Bernard F. Reilly, Jr., prólogo Alan Fern. National Portrait Gallery, Smithsonian Institution Press, Washington, 1985
Miguel Covarrubias. Textos de Andrés Henestrosa, Fernando Gamboa, John L. Brown, Sylvia Navarrete, Olivier Debroise, Adriana Williams, Tomás Ybarra-Frausto, Daniel F. Rubín de la Borbolla, Rafael Abascal, Eusebio Dávalos Hurtado, Guillermo Arriaga, Patricia Aulestia de Alba y Miguel Covarrubias. Centro Cultural/Arte Contemporáneo, México, 1987

HEMEROGRAFÍA SOBRE MIGUEL COVARRUBIAS

Daniel Cosío, "Nuevo estilo de caricaturas del señor Miguel Covarrubias", *El Mundo* n. 402, 19 de mayo de 1923

Caballero Puck, "Miguel Covarrubias y sus caricaturas neoyorquinas", *El Universal Ilustrado*, 21 de febrero de 1924

Anónimo, "La exposición de dibujantes", *El Universal Ilustrado*, 7 de mayo de 1925

Ben Alí, "La obra del Chamaco en Nueva York", *El Universal Ilustrado*, 6 de junio de 1925

Samuel Ramos, "Ensayos estéticos: la caricatura", *Forma* n. 1, octubre de 1926

Adolfo Fernández Bustamante, "Miguel Covarrubias el gran caricaturista mexicano", *Nuestro México* n. 6, agosto de 1932

Antonio Iglesias Castellot, "Un artista mexicano vuelve a triunfar en los Estados Unidos", *El Universal*, 28 de diciembre de 1937

J. M. Bejarano, "México vale más por Miguel Covarrubias", *Letras de México* n. 22, 1º de enero de 1938

Carl Purrington, "Covarrubias y Bali", *Letras de México* n. 25, 1º de marzo de 1938

Jorge Arturo Mora, "Crónica cultural: un libro de Miguel Covarrubias", *El Nacional*, 11 de febrero de 1948

Salvador Rueda, "Pintura", *Impacto*, 1951

Anónimo, "Falleció ayer el famoso pintor y caricaturista Miguel Covarrubias", *Excélsior*, 5 de febrero de 1957

Anónimo, "Falleció el gran dibujante Miguel Covarrubias", *El Nacional*, 5 de febrero de 1957

Anónimo, "Del Museo de Historia partirá el sepelio de Miguel Covarrubias, hoy", *Novedades*, 5 de febrero de 1957

Anónimo, "Miguel Covarrubias Duclaud fue sepultado en el Francés", *Excélsior*, 6 de febrero de 1957

Andrés Henestrosa, "La nota cultural", *El Nacional*, 6 de febrero de 1957

Rafael Heliodoro Valle, "En breves palabras", *El Nacional*, 7 de febrero de 1957

Andrés Henestrosa, "El Chamaco Covarrubias", *Novedades*, 9 de febrero de 1957

Cadena M., "Miguel Covarrubias, el Chamaco", *Revista de Revistas*, 24 de febrero de 1957

Jorge Juan Crespo de la Serna, "Miguel Covarrubias", *Novedades*, 24 de marzo de 1957

Margarita Nelken, "Exposición homenaje a Miguel Covarrubias", *Novedades*, marzo de 1957

Elena Poniatowska, "Homenaje a Miguel Covarrubias. Entrevistas a Octavio Barreda, Adolfo Best Maugard y Rosa Rolando", *Novedades*, suplemento *México en la Cultura*, 28 de abril de 1957. "Fernando Gamboa y Daniel Rubín de la Borbolla hablan de Miguel Covarrubias", *Novedades*, suplemento *México en la Cultura*, 5 de mayo de 1957. "Alfonso Caso, Harry Block y Diego Rivera hablan de Miguel Covarrubias", *Novedades*, suplemento *México en la Cultura*, 12 de mayo de 1957. "Raoul Fournier, Carlos Solórzano y Justino Fernández hablan de Miguel Covarrubias", *Novedades*, suplemento *México en la Cultura*, 19 de mayo de 1957. "Un acontecimiento editorial. México rescata a Miguel Covarrubias traduciéndolo por primera vez al español", *Novedades*, suplemento *México en la Cultura*, 15 de octubre de 1961

Julio Scherer García, "Primeras reparaciones en el Museo de Antropología", *Excélsior*, 19 de mayo de 1957

Alfonso Caso, "El mapa de Covarrubias", *El Universal*, 25 de mayo de 1957

Juan Salvador Garrido, "Buenos días, mis amigos", *Novedades*, 4 de febrero de 1958

Rafael Heliodoro Valle, "Covarrubias y su mundo artístico", *Novedades*, 1958

Anónimo, "El bello arte de los pueblos primitivos, en una exhibición", *Excélsior*, noviembre de 1958

Anónimo, "El tesoro de Covarrubias, expuesto en el Museo; la viuda lo reclama", *Excélsior*, 22 de noviembre de 1958

Ramón Valdiosera, "Un gran estudioso de la arqueología mexicana", *Impacto*, 27 de mayo de 1959

Anónimo, "Declaraciones de don Luis Covarrubias", *Impacto*, 1º de junio de 1959

Raúl Valencia, "Miguel Covarrubias", *El Mundo* (Tampico, Tamps.) 31 de mayo de 1960

Raúl Leiva, "El águila, el jaguar y la serpiente", *El Nacional*, 1961

Antonio Rodríguez, "La Universidad rescata importante obra de Covarrubias", *Gaceta de la Universidad*, 22 de enero de 1962

Noemí Atamoros, "¿Dónde están 975 piezas arqueológicas?", *Excélsior*, 23 de julio de 1969

Carmen Aguilar Zinser, "Miguel Covarrubias: la maravilla del lápiz", *Excélsior*, 16 de enero de 1971

Anónimo, "Enorme colección de dibujos y grabados", *Excélsior*, 18 de septiembre de 1971

Alfonso de Neuvillate, "Miguel Covarrubias: la exaltación de lo vernáculo", Revista *México Arte Moderno II*, 1977. "Arte: la universalidad de Miguel Covarrubias" (1a parte), *Novedades*, 14 de julio de 1983. "Arte: la universalidad de Miguel Covarrubias" (2a y última parte), *Novedades*, 15 de julio de 1983

Federico Hernández Alemán, "La Galería Metropolitana presenta obras de Miguel Covarrubias", *El Universal*, 26 de febrero de 1981

Alberto Gómez, "Homenaje a Miguel Covarrubias'', *El Nacional*, 28 de febrero de 1981

Anónimo, ''Dos exposiciones en la Galería Metropolitana'', *Casa del Tiempo* n. 14, vol. II, octubre de 1981

Arnold Belkin, ''Víctimas de nuestra amnesia'', *UnomásUno*, 5 de septiembre de 1982

Raquel Tibol, ''Algunas razones para juntar a Frida y Tina en el MUNAL'', *Proceso* n. 344, 6 de junio de 1983. ''Las subastas de arte mexicano en Nueva York'', *Proceso* n. 450, 17 de junio de 1985. ''Las lecciones de Miguel Covarrubias'', *Universidad de México* n. 436, mayo de 1987

Gilda Cárdenas, ''Veinte ensayos de arte mexicano'', *Revista de la ENAP*, año I, n. 1 y 2, octubre de 1984

Anónimo, ''Se inaugura hoy el Salón de la Caricatura'', *Excélsior*, 24 de mayo de 1984

Víctor Magdaleno, ''Desde los grandes caricaturistas del siglo pasado hasta los de la actualidad'', *El Día*, 30 de mayo de 1984

Anónimo, ''Caricaturas de famosos estadunidenses, de Miguel Covarrubias, en Washington'', *Excélsior*, 12 de diciembre de 1984

Anónimo, ''Exposición homenaje'', *Excélsior*, 12 de diciembre de 1984

Anónimo, ''Exposición en memoria del célebre

Miguel Covarrubias'', *Excélsior*, 13 de diciembre de 1984

Carlos Monsiváis, ''Miguel Covarrubias: la caricatura de las celebridades, el retrato de los pueblos'', *Proceso* n. 425, 24 de diciembre de 1984

Ángel Zamarripa, ''Covarrubias, caricaturista mexicano, triunfó en el extranjero, pero no aquí'', *Excélsior*, 31 de enero de 1985

Bernard F. Reilly Jr., ''Homenaje en Nueva York, olvido en México'', *UnomásUno*, suplemento *Sábado*, 9 de febrero de 1985

María Idalia, ''Artistas mexicanos consagrados desde años atrás recibirán un homenaje'', *Excélsior*, 5 de marzo de 1985

Anónimo, ''Recepción por aniversario de una galería de arte'', *Excélsior*, 9 de marzo de 1985

Lelia Driben, ''Muestra antológica para un cincuentenario'', *UnomásUno*, suplemento *Sábado*, 23 de marzo de 1985

Fernando Pichardo, ''De monitos y mitotes'', *Plural* n. 168, septiembre de 1985

Angélica Abelleyra, ''Retrospectiva de Covarrubias en el Tamayo'', *La Jornada*, 6 de marzo de 1986. ''Reúnen por primera vez la obra integral de Covarrubias'' (1a parte), *La

Jornada*, 10 de febrero de 1987. ''Reúnen por primera vez la obra integral de Covarrubias'' (2a parte y última), *La Jornada*, 11 de febrero de 1987. ''Televisa y Arte Contemporáneo editan libro sobre Covarrubias'', *La Jornada*, 21 de abril de 1987

Sylvia Navarrete, ''Entre la obra de Miguel Covarrubias'', *La Jornada*, suplemento *La Jornada Semanal*, 8 de febrero de 1987

Saide Sesín, ''Sentó Miguel Covarrubias bases para que se tomara en cuenta en la arqueología el criterio artístico'', *UnomásUno*, 14 de febrero de 1987

Lorna Scott Fox, ''Three Different Artists, Three Distinct Visions'', *The News*, 22 de febrero de 1987

Patricia Cardona, ''Miguel Covarrubias (el de la danza)'', *UnomásUno*, suplemento *Sábado*, 28 de febrero de 1987

Luis Carlos Emerich, ''Alrededor del sello de Miguel Covarrubias'', *Novedades*, 17 de marzo de 1987

Luis Ortiz Macedo, ''*Balinesa*, Miguel Covarrubias'', *Excélsior*, 19 de marzo de 1987

José López Bosch, ''Homenaje a Miguel Covarrubias en México'', *El Sol*, 15 de noviembre de 1987

LISTA DE OBRAS

Se incluyen los años de realización cuando las obras están fechadas o se da la fecha de su publicación en periódicos, revistas o libros.
Para las fichas de los libros citados ver la Bibliografía en la p. 130.
Salvo indicación en contrario las colecciones pertenecen a México.

1 **AUTOCARICATURA**, 1925
Acuarela y lápiz / 20.3 × 13 cm
The Yale University Library

2 **LA EXPOSICIÓN DE MONTENEGRO VISTA POR COVARRUBIAS**, 1921
Revista *Zig-Zag*

3 **DIEGO RIVERA**, 1923
Revista *La Falange*

4 **DR. ATL**, 1923
Periódico *El Mundo*

5 **GENARO ESTRADA**, 1923
Revista *La Falange*

6 **JOSÉ JUAN TABLADA**, 1923
Periódico *El Mundo*

7 **MANUEL RODRÍGUEZ LOZANO**, 1923
Revista *La Falange*

8 **CARLOS MÉRIDA**, 1923
Revista *La Falange*

9 **EL SEÑOR VAN VECHTEN LE DA UN SUSTO A UN PECECITO**
Tinta
The Yale University Library

10 **ALFRED A. KNOPF**, 1948
Tinta / 38 × 30.5 cm
Colección Alfred A. Knopf

11 **BAILARÍN**
Lápiz / 24 × 18 cm
Colección Carmen Armendáriz

Del libro *The Prince of Wales and Other Famous Americans*, 1925
Colección Carlos Monsiváis

12 **EUGENE O'NEILL**

13 **RAMÓN DEL VALLE-INCLÁN**

14 **JOSÉ JUAN TABLADA**

15 **PLUTARCO ELÍAS CALLES**

16 **ALFRED STIEGLITZ**
Acuarela / 33 × 28 cm
The Yale University Library

17 **IGOR STRAVINSKI**

18 **GEORGE GERSHWIN**

19 **BABE RUTH**

20 **JACK DEMPSEY**

21 **CARL VAN VECHTEN**
Gouache / 39.4 × 28.6 cm
The Yale University Library

22 **HAROLD LLOYD**

23 **MARY PICKFORD**

24 **RODOLFO VALENTINO**

25 **CHARLES CHAPLIN**

26 **GLORIA SWANSON**

27 **DOUGLAS FAIRBANKS**

28 **AUTOCARICATURA ''THE MURDERER'' [EL ASESINO]**

Del libro *Negro Drawings*, 1927
Colección María Elena Rico

29 **DOBLE CHARLESTON**

30 **RAPSODIA EN AZUL**

31 **CAKEWALK**

32 **PAREJA DE VAUDEVILLE**

33 **CHARLESTON**

34 **CORISTA**

35 **MUCHACHA A LA MESA**, 1927
Técnica mixta / 25 × 20 cm
Colección Rocío Sagaón

36 **MADRE NEGRA**, 1927
Técnica mixta / 25 × 19.5 cm
Colección Malú Block

37 **DESNUDO**

38 **HOMBRE CON GORRA**

39 **CANTANTE NEGRA, DE LA SERIE *HARLEM***
Técnica mixta / 30 × 23.5 cm
Colección Rocío Sagaón

De la serie *Entrevistas imposibles*

40 **CLARK GABLE Y EDUARDO, PRÍNCIPE DE GALES**, 1932
Gouache / 27.9 × 35.6 cm
Iconography Collection, Harry Ransom Humanities Research Center, The University of Texas at Austin

41 **EUGENE O'NEILL Y JIMMY DURANTE**, 1932
Gouache / 29.2 × 25.4 cm
The Yale University Library

42 JIM LONDOS Y HERBERT HOOVER, 1932
Gouache / 36.2 × 30.6 cm
Prints and Photographs Division,
Library of Congress, Washington, D.C.

**43 EL EX REY ALFONSO XIII
Y JAMES J. WALKER**, 1932
Gouache / 37 × 30.5 cm
Prints and Photographs Division,
Library of Congress, Washington, D.C.

44 ARTHUR BRISBANE Y LA ESFINGE, 1933
Gouache / 36 × 32.7 cm
Prints and Photographs Division,
Library of Congress, Washington, D.C.

**45 JOSÉ STALIN, BENITO MUSSOLINI,
ADOLFO HITLER Y HUEY S. ("HOOEY")
LONG**, 1933
Gouache
Prints and Photographs Division,
Library of Congress, Washington, D.C.

46 STALIN Y SCHIAPARELLI
Caseína
Prints and Photographs Division,
Library of Congress, Washington, D.C.

47 SIGMUND FREUD Y JEAN HARLOW, 1935
Gouache / 35.3 × 29.2 cm
Prints and Photographs Division,
Library of Congress, Washington, D.C.

48 AUGUSTE PICCARD Y WILLIAM BEEBE, 1935
Gouache / 33 × 28.6 cm
Prints and Photographs Division,
Library of Congress, Washington, D.C.

49 HAILE SELASSIE Y JOE LOUIS, 1935
Gouache / 34 × 29.2 cm
Prints and Photographs Division,
Library of Congress, Washington, D.C.

**50 GEORGE ARLISS Y EL CARDENAL
RICHELIEU**, 1936
Caseína / 27.5 × 25.2 cm
Colección Ximena Cuevas

**51 SHAKESPEARE Y LA METRO GOLDWYN
MAYER**, 1936
Caseína / 30 × 25.4 cm
Colección Ximena Cuevas

52 SHERRILL SCHELL
Tinta y acuarela
The Metropolitan Museum of Art

53 CORINE GRIFFITH
Tinta y acuarela / 28 × 21 cm
Colección Carlos Monsiváis

54 ROSA COVARRUBIAS, 1926
Acuarela / 42.5 × 29 cm
Colección Ángela Gurría

**55 GLORIA SWANSON: VEHÍCULO PARA UNA
ESTRELLA, A LA MANERA DE CHIRICO**, 1930
Tinta y gouache / 37.3 × 24.6 cm
Colección Malú Block

**56 GLORIA SWANSON: DAMA CON
ATAQUES NERVIOSOS, A LA MANERA
DE PICASSO**, 1930
Lápiz, tinta y gouache / 24.3 × 18.5 cm
Colección Malú Block

**57 GLORIA SWANSON: LA NO DAMA CON
PLUMAS, A LA MANERA DE MATISSE**, 1930
Acuarela y tinta / 31.5 × 24 cm
Colección Malú Block

**58 ROCKWELL KENT, A LA MANERA
DE KENT, PARODIÁNDOLO**, 1932
Tinta / 38.1 × 26.7 cm
Iconography Collection, Harry Ransom
Humanities Center,
University of Texas at Austin

59 H. G. WELLS, 1932
Tinta y acuarela / 38.4 × 26.7 cm
Prints and Photographs Division,
Library of Congress, Washington, D.C.

60 EMILY POST, 1933
Gouache / 29.3 × 24.1 cm
Prints and Photographs Division,
Library of Congress, Washington, D.C.

**61 LA INAUGURACIÓN DE FRANKLIN
D. ROOSEVELT**, 1933
Gouache / 34.2 × 48.3 cm
National Portrait Gallery, Smithsonian Institution

62 ERNEST HEMINGWAY
Gouache / 30.5 × 25.4 cm
Prints and Photographs Division,
Library of Congress, Washington, D.C.

63 WALT DISNEY, 1937
Gouache / 32.7 × 26.2 cm
Prints and Photographs Division,
Library of Congress, Washington, D.C.

64 LEOPOLDO BERISTÁIN, 1938
Catálogo *Miguel Covarrubias*, CC/AC

65 DON CATARINO, 1938
Catálogo *Miguel Covarrubias*, CC/AC

66 CANTINFLAS, 1938
Catálogo *Miguel Covarrubias*, CC/AC

67 MEDEL, 1938
Catálogo *Miguel Covarrubias*, CC/AC

**68 MARY PICKFORD, PAUL WHITEMAN,
LEONOR HUGHES, MAURICE, MORRIS
GEST, JOHN BARRYMORE, H. L.
MENCKEN, MARY GARDEN, IGNACIO
ZULOAGA, ALFRED LUNT, LYNN
FONTANNE, CECIL B. DeMILLE**, 1938
Gouache / 43 × 35.6 cm
Prints and Photographs Division,
Library of Congress, Washington, D.C.

**69 SHIRLEY TEMPLE, BENNY GOODMAN,
GINGER ROGERS, FRED ASTAIRE,
ORSON WELLES, ROBERT TAYLOR,
LILY PONS, SALVADOR DALÍ, ALFRED
LUNT, LYNN FONTANNE, DOROTHY
THOMPSON, WALT DISNEY**, 1938
Gouache / 43 × 35.6 cm
Prints and Photographs Division,
Library of Congress, Washington, D.C.

70 NACIONES UNIDAS, 1942
Gouache / 39.4 × 56.8 cm
Prints and Photographs Division,
Library of Congress, Washington, D.C.

71 BALINESA
Tinta / 35 × 22 cm
Colección Ángela Gurría

72 BALINESAS
Lápiz / 24 × 31 cm
Colección Carmen Armendáriz

**73 LA ECONOMÍA DEL ÁREA
DEL PACÍFICO**, 1940
Mural en doce paneles
Laca lisa con base de vitrocelulosa
sobre masonite. Actualmente en el edificio
del Trade Center, San Francisco

74 MAPA DEL ESTADO DE FLORIDA, E.U.A.
Revista *Life*
Colección Rocío Sagaón

75 MÚSICOS CIEGOS DE JUCHITÁN, 1947
Del libro *Mexico South*

76 NIÑA VESTIDA PARA FIESTA, 1947
Del libro *Mexico South*

Del libro *El águila, el jaguar y la serpiente*, 1954
Colección particular

**77/78 ANTIGUAS MÁSCARAS
FUNERARIAS ALEUTIANAS,
ISLAS SHUMAGIN**

**79 DISCO DE ARENISCA CON FIGURAS
DE SERPIENTES DE CASCABEL,
MISSISSIPPI**

Del libro *Arte indígena de México y Centroamérica*, 1957
Colección particular

**80 RELIEVE TALLADO, ALTAR NÚMERO 5,
LA VENTA, TABASCO**

81 ESTELA NÚMERO 2, LA VENTA, TABASCO

82 FIGURAS DE BARRO, TLATILCO

83 MURALES DE MONTE ALBÁN
Técnica mixta / 21 × 29.5 cm
Colección Rocío Sagaón

84 TAPIZ INCA
Técnica mixta / 17 × 14.5 cm
Colección particular

85 ESPEJO Y SELLO PERUANO
Acuarela, gouache y tinta / 25 × 17.5 cm
Colección particular

AGRADECIMIENTOS

Los editores agradecen a María Elena Rico, Carlos Monsiváis, Rafael Barajas (El Fisgón) y Raquel Tibol su colaboración en la realización de este libro, así como la ayuda prestada por Lucía García-Noriega Nieto, coordinadora de la exposición *Miguel Covarrubias. Homenaje* que realizó el Centro Cultural/Arte Contemporáneo. El catálogo de esta exposición fue una valiosa fuente para establecer algunas de las fichas técnicas de las obras.

Asimismo agradecen tanto a los coleccionistas mexicanos que permitieron fotografiar las obras de su propiedad como a las siguientes instituciones que brindaron su apoyo:

En la ciudad de México

— Museo Nacional de Arte, Instituto Nacional de Bellas Artes
— Museo Nacional de Artes e Industrias Populares
— Hotel Ritz

En Estados Unidos

— Harry Ransom Humanities Research Center, The University of Texas at Austin
— Prints and Photographs Division, Library of Congress, Washington, D.C.
— The Metropolitan Museum of Art, Nueva York
— The National Portrait Gallery, Smithsonian Institution, Washington, D.C.
— Yale Collection of American Literature, Beinecke Rare Book and Manuscript Library, Yale University

ÍNDICE

Portada:
UNA TARDE DE DOMINGO EN XOCHIMILCO [127]
[Fragmento]

© Fotografías: Rafael Doniz
Excepto: 1 a 10, 12 a 36, 40 a 49, 52, 58 a 63, 68 a 70,
75, 77 a 82, 85 a 89, 93 a 95, 98 a 104, 110, 111,
143 a 146, 152, 158 y 159 [ver fichas correspondientes]

Fotocomposición y formación: Redacta, S.A.
Selecciones de color: Impresora Rivas, S.A. de C.V.
Impresión: Offset Multicolor, S.A. de C.V.
Encuadernación: Gráficas Monte Albán, S.A. de C.V.
Edición: 5 000 ejemplares
30 de noviembre de 1993

Diseño gráfico y cuidado de la edición:
Vicente Rojo / Rafael López Castro
Asistente: Vicente Rojo Cama

Coordinador técnico:
Felipe Ulloa Ramírez
Dirección General de Publicaciones / CNCA